NOUVEAUX DOCUMENTS
sur
L'ÉVÉNEMENT DE LA SALETTE,
ou
SUITE ET COMPLÉMENT
du
RAPPORT A MGR L'ÉVÊQUE DE GRENOBLE
sur
L'APPARITION DE LA SAINTE VIERGE,

Du 19 Septembre 1846,

à deux petits bergers,

SUR UNE MONTAGNE DE LA SALETTE, CANTON DE CORPS (ISÈRE),

Par l'Abbé Rousselot,

Chanoine, professeur de morale au Séminaire diocésain de Grenoble, vicaire général honoraire du diocèse.

Si ex Deo est, non poteritis dissolvere illud, ne forte et Deo repugnare inveniamini.
Si cette œuvre vient de Dieu, vous ne pourrez la détruire, et vous vous mettriez même en danger de combattre contre Dieu. *Act. 5. v. 39.*

Avec l'approbation de Mgr l'Evêque de Grenoble.

SE TROUVE :

A GRENOBLE, AU GRAND SÉMINAIRE, CHEZ L'AUTEUR.
A l'OEuvre de Saint-Joseph, rue Neuve-des-Capucins,
et chez

Aug. CARUS, libraire du clergé, place Notre-Dame, 3.	BARATIER FRÈRES ET FILS, imprimeurs-libraires de l'Evêché, Grand'rue, 4.

1850.

Tout exemplaire non revêtu de la signature et du paraphe de l'auteur, sera réputé contrefait.

Grenoble, imprimerie de J. Baratier, imprimeur de l'Evêché.

APPROBATION DE MONSEIGNEUR L'ÉVÊQUE DE GRENOBLE.

PHILIBERT DE BRUILLARD, par la miséricorde divine et la grâce du Saint-Siége apostolique, Evêque de Grenoble;

Nous avons pris connaissance des *Documents nouveaux* recueillis par M. l'abbé Rousselot, et nous en autorisons la publication. De ce nouvel ouvrage ressortira de plus en plus, nous en avons la confiance, la Vérité sur l'*Evénement de la Salette.*

Ces *Documents* font une suite importante au *Rapport* qui fut discuté en notre présence, adopté dans une commission nombreuse réunie par nos ordres, et publié avec notre autorisation.

Ils sont de nature à diminuer de plus en plus les préventions qui peuvent encore exister contre le *Fait de la Salette*, à faire réfléchir les indifférents, et à confirmer les pieux fidèles dans leur dévotion à Celle que l'Eglise proclame *notre vie, notre douceur, notre espérance : Vita, dulcedo et spes nostra, salve.*

Marie est la patronne de la France et de notre diocèse; aussi sommes-nous heureux de voir établi depuis trois ans un nouveau et pieux pélerinage en son honneur; mais nous serons au comble de nos vœux quand nous verrons s'élever par le concours et les efforts de tous, diocésains et étrangers, un sanctuaire (1) digne de Celle qui s'est montrée sur la montagne sainte, assez grand pour recevoir les populations empressées, et assez beau pour satisfaire la pieuse dévotion des *pèlerins de Notre-Dame de la Salette.*

Nous recommandons la lecture de ce nouvel écrit, qui, avec le *Rapport* publié en 1848, va former une histoire complète et raisonnée des trois ans et demi qui se sont écoulés depuis l'apparition de Marie sur la montagne de la Salette.

Donné à Grenoble, le 31 décembre 1849.

† PHILIBERT,
Evêque de Grenoble.

Par Mandement:

AUVERGNE, *secrétaire, chanoine honor.*

---

(1) C'est au Secrétariat de l'Evêché de Grenoble que sont déposées et que continuent d'être reçues les offrandes pour la construction du sanctuaire en l'honneur de N. D. de la Salette.

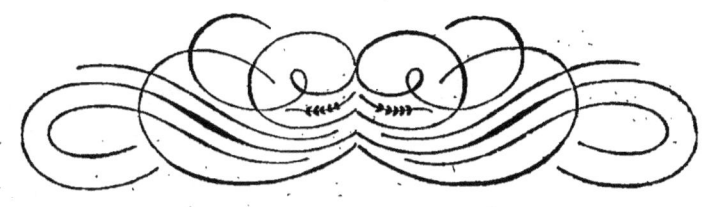

INTRODUCTION.

Dans cette introduction nous allons mettre sous les yeux du lecteur :

1° Le plan de cette seconde publication sur l'Evénement de la Salette ;

2° Les sages lenteurs avec lesquelles l'autorité épiscopale a procédé à l'examen du Fait avant d'en permettre et d'en approuver la publication par la voie de la presse ;

3° Un complément aux notions déjà données sur les miracles dans notre Rapport de 1848.

§ 1. — *Plan de cette seconde publication sur l'Evénement de la Salette.*

Plus de trois ans et demi se sont écoulés depuis l'Evénement de la Salette, et l'impression qu'il produisit dès le commencement, loin de s'affaiblir, s'est au contraire, fortifiée, étendue, et est devenue à peu près universelle. Quel est en Europe, je pourrais dire dans le monde catholique, le pays qui n'ait retenti du nom de *Notre-Dame de la Salette?* Et cependant quoi de plus faible, quoi de plus misérable même, que son origine? Quoi de plus chétif que les instruments choisis par la Mère de Dieu pour témoins de son apparition et pour organes des avertissements charitables qu'elle vient donner à la terre? Si le fait est faux, si les deux enfants sont trompeurs ou trompés, comment depuis trois ans et demi ne découvre-t-on rien en eux, rien autour d'eux, qui fasse soupçonner la fraude, l'illusion, le mensonge? Les ennemis même du fait conviennent assez généralement aujourd'hui que les deux petits bergers ne sont point trompeurs, et des protestants même l'avouent. Mais alors pourquoi n'a-t-on pu découvrir l'imposteur sacrilége, le misérable jongleur qui se joue ainsi de tout le monde, qui échappe ainsi aux investigations et aux recherches de tout le monde? Si le fait est faux, comment fait-il mouvoir les populations les plus rapprochées comme les plus éloignées, les grands et les petits, les riches et les pauvres, les savants et les ignorants, les prêtres et les laïques, vers une montagne nue, escarpée, presque inaccessible, et sans asile pour les voyageurs, sans abri pour les pèlerins, n'offrant à la piété qu'une misérable chapelle en planches, couverte de chaume? Si le fait de la Salette est faux, s'il n'est pas divin, comment a-t-il grandi, s'est-il étendu, s'est-il développé en si peu de temps et si rapidement, qu'aujourd'hui on peut assurer avec vérité qu'il n'est peut-être ni sanctuaire ni lieu de dévotion, dans l'univers, dont les commencements aient été aussi éclatants, les progrès aussi rapides, les résultats aussi consolants?

Et cependant, qu'on le remarque bien, pendant plus de vingt mois, le clergé diocésain s'est tu ; il a gardé un silence aussi absolu que prudent; il s'est contenté d'examiner et d'attendre, sans s'émouvoir ni des reproches que lui adressaient les populations entraînées vers la montagne, ni des accusations mensongères et atroces dont le chargeait la presse irréligieuse, ni des craintes que pouvait lui inspirer un pouvoir ombrageux. Ce n'est qu'après vingt mois de silence et d'attente, qu'il a enfin consenti à parler ; ce n'est qu'au bout de vingt mois d'un examen long et sérieux, que nous avons fait paraître notre Rapport sur ce grand événement.

Jusque-là, les personnes éclairées et le clergé à leur tête, consultés par les partisans du fait, et par ses adversaires, se contentaient de répondre par les paroles que le sage sénateur *Gamaliel* adressait au Sanhédrin assemblé et délibérant sur les moyens d'arrêter les progrès de la prédication évangélique : *Si ce conseil ou cette œuvre vient des hommes, elle se détruira d'elle-même ; mais si elle vient de Dieu, vous ne sauriez la détruire, et vous seriez même en danger de combattre contre Dieu.* (Act. 5, v. 38 et 39.) — Nous-même, nous avons dit plus d'une fois : *Si la sainte Vierge a véritablement apparu, elle n'en restera pas là.*

S'il est permis de comparer les petites choses aux grandes, un fait particulier aux grands faits évangéliques, l'apparition de la Salette a été *ce grain de senevé qui devient bientôt un grand arbre* (Matt. 17.); *cette petite pierre détachée de la montagne, qui devient elle-même une grande montagne qui couvre toute la terre* (Dan. 2.).

Et la sainte Vierge n'a-t-elle pas fait en cette circonstance ce que Dieu lui-même a fait pour rendre plus évidemment miraculeuse la prédication de l'Evangile. Comme Dieu, elle *a choisi les moins sages selon le monde, pour confondre les sages; elle a choisi les faibles selon le monde, pour confondre les puissants : et elle a choisi les plus vils et les plus misérables selon le monde, et ce qui n'était rien, pour détruire ce qui était ou paraissait grand* (1. Cor. 1. 27. 28).

Comme l'Evangile, le Fait de la Salette a eu *tout contre lui et rien pour lui;* et cependant en moins de trois ans et malgré la préoccupation générale causée par les événements extraordinaires qui agitent l'Europe, il a obtenu une croyance universelle. Les suites de la révolution du 24 février ont dû ralentir, mais elles n'ont pu suspendre le concours des peuples vers la montagne de l'apparition.

Depuis la publication de notre Rapport, vingt autres mois viennent encore de s'écouler, et la Vierge de la Salette continuant son œuvre merveilleuse, nous avons acquis de nouvelles preuves de la vérité du Fait.

Et si notre conviction déjà profonde avait pu s'accroître, elle se serait encore fortifiée par la réunion des circonstances qui continuent d'entourer le Fait, et qui vont faire la matière de cette seconde publication. Ces circonstances sont :

1º La faiblesse des objections nouvelles dirigées contre le Fait et contre notre Rapport ;

2º Les adhésions nombreuses et honorables données à notre Rapport ;

3º Les publications faites concurremment avec la nôtre par des écrivains judicieux ;

4º L'affluence toujours croissante et toujours religieuse des pèlerins ;

5º La correspondance aussi édifiante qu'étendue établie au sujet du Fait ;

6º La spontanéité et la générosité des dons faits ou promis en l'honneur de Notre-Dame de la Salette ;

7º La multitude des merveilles dans l'ordre moral, opérées partout par la foi et la confiance en Notre-Dame de la Salette ;

8º Les miracles proprement dits, opérés sur différents points, qu'il faut joindre à ceux que nous avons racontés dans notre Rapport, et dont plusieurs paraîtront encore plus frappants.

De cet ensemble imposant de circonstances qui se pressent autour du Fait de la Salette et qui lui font une espèce de rempart, le lecteur impartial ne pourra s'empêcher de faire ce raisonnement :

Est-il possible qu'un fait entouré de tant de preuves, intrinsèques et extrinsèques ; qu'un fait habilement combattu par un petit nombre d'opposants et plus fortement défendu encore par un nombre plus grand de partisans; qu'un fait qui met en mouvement les populations de tous les rangs, de tous les états et de toutes les conditions; qu'un fait sur lequel des écrivains judicieux ont exercé leur plume et fait des recherches consciencieuses; qu'un fait qui a obtenu tant d'adhésions honorables, et qui est devenu le sujet d'une correspondance sans exemple, d'une confiance sans bornes, et d'une rare générosité; qu'un fait que le ciel préconise lui-même par des miracles, aussi nombreux que bien constatés : est-il possible, dis-je, qu'un fait pareil ne soit après tout qu'une imposture sacrilége, qu'un mensonge grossier, qu'un prestige diabolique?

Telle est la preuve qui va ressortir, nous osons l'espérer, de la lecture de ce nouvel écrit, que nous publions comme suite et complément de notre *Rapport*, et qui avec notre Rapport, formera l'histoire complète et raisonnée des quarante-deux premiers mois du pèlerinage de la Salette.

§ II. — *Sages lenteurs avec lesquelles l'autorité épiscopale a procédé à l'examen du Fait avant d'en permettre la publication.*

Quelques personnes ont prétendu que dans l'examen de l'événement de la Salette, l'autorité épiscopale n'avait pas agi avec assez de prudence, ni procédé avec assez de lenteur.

Pour les détromper, nous allons remettre sous leurs yeux la conduite et les actes du vénérable Evêque de Grenoble pendant les dix premiers mois qui ont suivi l'apparition. Loin d'y trouver le moindre vestige de précipitation, le lecteur y découvrira au contraire, la preuve d'une circonspection proportionnée à la gravité du sujet.

L'apparition de la Salette avait eu lieu le 19 septembre 1846, et quelques semaines après, cet événement extraordinaire avait retenti non-seulement dans tout le diocèse de Grenoble, mais encore dans tous les lieux circonvoisins.

Consulté par un grand nombre de ses Curés sur la conduite qu'ils avaient à tenir dans cette circonstance, Monseigneur l'Evêque, dans sa sagesse, répondit par la circulaire du 9 octobre 1846 :

Monsieur le Curé,

Vous avez sans doute connaissance de faits extraordinaires que l'on dit avoir eu lieu sur la paroisse de la Salette, près de Corps.

Je vous engage à ouvrir les Statuts synodaux que j'ai donnés à mon diocèse, en l'année 1829. Voici ce qu'on y lit, page 94 :

« Nous défendons sous peine de suspense encourue *ipso facto*, de déclarer, faire imprimer ou publier aucun miracle nouveau, sous quelque prétexte de notoriété que ce puisse être, si ce n'est de l'autorité du Saint-Siége ou de la nôtre, après un examen qui ne pourra être qu'exact et sévère. »

Or, nous n'avons point prononcé sur les événements dont il s'agit. La sagesse et le devoir vous prescrivent donc la plus grande réserve, et surtout un silence absolu, par rapport à cet objet, dans la tribune sacrée.

Cependant on s'est permis de faire paraître un dessin lithographié, et d'y ajouter des strophes en vers.

Je vous annonce, M. le Curé, que cette publication non-seulement n'a pas été approuvée par moi, mais qu'elle m'a extrêmement contrarié, et que je l'ai formellement et sévèrement réprouvée. Tenez-vous donc sur vos gardes, et donnez l'exemple de la prudente réserve que vous ne manquerez pas de recommander aux autres.

Recevez, Monsieur le Curé, l'assurance de mon sincère et tendre attachement.

† **PHILIBERT**, *Evêque de Grenoble.*

Par Mandement :

Chamard, *Chanoine honoraire secrétaire.*

Cependant Monseigneur l'Evêque recueillait soigneusement tout ce qui se rattachait au Fait; il recevait des lettres nombreuses, des rapports circonstanciés sur cette affaire; il écoutait les récits qui lui étaient faits par les pèlerins du dedans et du dehors; il faisait visiter les lieux, interroger les deux petits bergers, non-seulement par les Curés de Corps et de la Salette, mais encore par les prêtres les plus respectables des cantons limitrophes; il chargeait des ecclésiastiques distingués de la ville épiscopale, de lui rendre compte, même par écrit, des impressions qu'ils rapporteraient des lieux soigneusement explorés. Trois mois ne s'étaient pas encore écoulés, et déjà l'illustre Prélat avait entre les mains un volumineux dossier de pièces importantes sur le Fait.

C'est alors qu'il jugea à propos de nommer deux commissions, l'une composée des chanoines de sa cathédrale, l'autre des professeurs de son grand séminaire, et les chargea de compulser les pièces concernant l'événement, et de lui en rendre compte dans un rapport fait séparément et sans aucun concert entre eux.

Les deux Rapports furent parfaitement identiques; tous les deux concluaient, non comme le publièrent alors quelques journaux de l'époque, au rejet du Fait comme faux et ne méritant aucune attention; mais, au contraire, ils exprimaient le vœu qu'on attendît des renseignements plus décisifs, qu'on ne précipitât rien dans une matière aussi grave, et que loin de rien décider ni pour, ni contre, l'on ne contrariât en rien l'élan des populations vers la montagne merveilleuse, puisqu'il n'a rien de mauvais, etc. Pour satisfaire la louable curiosité des lecteurs, nous donnons ici un extrait de chaque rapport.

1° *Extrait du rapport fait à Mgr l'Evêque par la commission formée des Chanoines du chapitre.*

Les membres du Chapitre de l'église cathédrale de Grenoble, soussignés, sont d'avis qu'il faut s'abstenir de toute décision sur ledit événement.

Car, d'un côté, cet événement n'a produit que de bons effets. Les populations environnantes en sont devenues plus ferventes et plus exactes à remplir les devoirs religieux. Il serait donc fâcheux d'arrêter cet élan, par quelque décision restrictive de toute croyance à cet événement.

D'un autre côté, on ne voit pas sur quoi pourrait porter une décision approbative dudit événement.

Car 1° jusqu'ici on n'a que le témoignage des deux enfants. Or, rien ne prouve d'une manière indubitable, que ces enfants n'ont point été induits en erreur, et qu'ils n'ont pas voulu propager une supercherie dont ils auraient été ou les victimes ou les complices. Et serait-il bien raisonnable, et surtout bien prudent, que l'autorité admît et accréditât par une décision authentique et solennelle, un pareil Fait, sur le seul témoignage de deux enfants? Car l'erreur ou la supercherie est-elle absolument impossible dans les enfants? Et qu'arriverait-il si après une décision affirmative de l'autorité, ces enfants, ou tout autre, déclaraient qu'il n'y a rien de vrai dans leur récit?

2° En admettant la véracité du récit de ces deux enfants, l'autorité n'a pas à intervenir. Ces enfants remplissent leur mission et les desseins de Dieu, en racontant l'événement, et en rapportant les menaces et les promesses qu'on leur aurait dit de faire connaître. Le personnage de l'apparition ne leur aurait pas même dit d'en faire part spécialement à l'autorité, et de lui rien demander. L'autorité n'a donc pas à se prononcer sur cet événement, tant qu'il ne produira aucun mauvais effet, et quand surtout il n'en produit que de bons. Elle doit laisser libres d'y croire ceux qui y découvrent des preuves suffisantes, et ne pas blâmer ceux qui s'y refusent par les motifs contraires.

Si cet événement vient de Dieu, et que Dieu veuille que l'autorité intervienne, il manifestera sa volonté d'une manière plus positive et plus certaine. Alors l'autorité sera toujours à temps de se prononcer. Il n'y a pas nécessité de le faire à présent ; il n'y a pas péril dans le retard : c'est prudence d'attendre.

Les membres soussignés partagent le même avis au sujet des événements subséquents qu'on allègue en confirmation du fait précédent et principal. Ces événements ne leur paraissent pas réunir tous les caractères d'une vraie et certaine intervention surnaturelle, ni présenter aucun inconvénient à les laisser croire de manière à exiger une décision de l'autorité.

En foi de quoi ont signé au présent rapport, à Grenoble, le 15 décembre 1846, en émettant le vœu que Monseigneur fasse faire une enquête juridique, pour mieux apprécier les faits,

BOUVIER, chan. ; l'abbé ROUSSELOT ;
DESMOULINS, chan. ; l'abbé BOIS ;
J. MICHON, chan. ; HENRY, chan. ;
PETIT, chan. ; REVOL, chan.

2° *Extrait du rapport fait par la Commission formée des Directeurs du séminaire.*

De toutes ces pièces, il ressort clairement que l'apparition vraie ou prétendue a produit une sensation et des effets étonnants sur les lieux et dans les environs ; et, ce qui est assez extraordinaire, ces effets se soutiennent, s'augmentent même et s'étendent de plus en plus. Il paraît aussi, d'après les mêmes pièces, que la vue des deux enfants, leur naïveté simple et ferme tout à la fois, font une singulière impression et produisent même une conviction plus ou moins complète chez tous ceux qui les voient et les interrogent. Plusieurs réponses des enfants semblent aussi très-propres à faire croire à quelque chose d'extraordinaire. Ajoutons-y encore toutes les choses étonnantes qu'on publie comme opérées par l'invocation de Notre-Dame de la Salette ou par l'eau de la fontaine. Tout cela, en ne considérant que ce côté de la chose, rend très-plausible le miracle de l'apparition, et nous disposerait fort à y croire, s'il ne s'agissait que d'un fait ordinaire, qu'on peut admettre sans danger et sans conséquence. Mais comme il est question de prononcer ici doctrinalement sur un fait en tant que miraculeux, en face d'une attention générale, toute disposée à y croire ou à s'en moquer ; que dès lors la décision de l'autorité doit avoir des conséquences graves, qu'elle se prononce pour ou contre le miracle ; il nous semblerait prudent et même nécessaire de ne prendre aucun parti définitif jusqu'à ce qu'on ait pu acquérir une certitude pleine et entière sur la réalité et la nature du Fait en question. Or, il nous paraît que jusqu'à ce jour rien ne démontre encore d'une manière authentique, inattaquable, ni la vérité, ni la divinité de cette apparition. Voici nos raisons :

Quelques nombreuses et incontestablement sincères que soient toutes les relations sur l'apparition et sur les promesses et menaces, tout cela repose en définitive sur le témoignage des deux enfants ; or, quoiqu'il mérite beaucoup de confiance, il nous semblerait imprudent d'en faire la base d'un jugement déclaratif du miracle, à moins qu'il ne soit singulièrement confirmé et rendu inattaquable par l'examen intrinsèque de ce que disent les enfants et la manière dont ils le disent, ou mieux encore par des prodiges, véritable cachet de l'opération divine. Or, ni les récits des enfants, ni les miracles allégués jusqu'à présent à l'appui, ne nous paraissent détruire tout sujet d'appréhender, et de se tenir dans une juste réserve. Il y a même certains articles qui inspirent quelque défiance sur la vérité des paroles de *la Dame*.

Ces différents faits laissant tous quelque doute, nous revenons à notre conclusion d'attendre, et de chercher, si on veut, des éclaircissements qui amènent une entière certitude. Comme moyens d'arriver à ces éclaircissements, nous émettons ici le vœu qu'on puisse avoir une réponse nette aux questions suivantes. (*Suit une série de questions.*)

ORCEL, supérieur ; l'abbé ROUSSELOT ;
l'abbé GAY, économe ; l'abbé RIVAUX ;
MICHALLET, professeur de dogme ;
ALBERTIN, professeur d'Écrit. sainte.

De ces deux Rapports, présentés au vénérable Prélat, et des pièces qui leur servaient de base, trois faits étaient dès lors constants :

1° Retentissement prompt et extraordinaire de l'apparition ; longs et nombreux interrogatoires, subis par ces deux enfants et habilement conduits par des personnes capables et sagement défiantes ; examen attentif des lieux où s'est accompli l'évènement ;

2° Conversion des habitants du canton de Corps et des environs, révoquée en doute par quelques-uns, mais parfaitement constatée alors ;

3° Bruits généralement répandus et accrédités dès le commencement de faveurs extraordinaires, de guérisons même miraculeuses, obtenues par l'invocation de Notre-Dame de la Salette et par l'usage de l'eau de la fontaine réputée dès lors merveilleuse.

Voilà ce qui était déjà constant au 15 décembre 1846 ; voilà ce qui résulte du volumineux dossier soumis à l'examen des deux commissions et qui reste comme monument aux archives de l'Evêché.

Sept mois s'écoulèrent ensuite, pendant lesquels Monseigneur l'Evêque recueillait de nouveaux documents, interrogeait et faisait interroger les personnes les plus graves, les plus éclairées, les plus consciencieuses, que la renommée attirait sur le théâtre de l'événement. Le pèlerinage inauguré par les habitants des environs, fut repris et continué dès le printemps suivant par des personnes de toute condition accourues de loin pour s'assurer du Fait et pour s'en édifier. Dès le mois de mai, et avant que les neiges fussent entièrement fondues, la montagne se couvrit d'étrangers, laïques et prêtres, simples et savants. Chacun voulait voir et faire parler les deux petits acteurs du drame religieux qui se déroulait déjà avec tant de magnificence.

Avec le pèlerinage toujours croissant, le bruit des miracles opérés en différents lieux et sur différents malades grossissait aussi de jour en jour; il en circulait différentes relations qui paraissaient dignes de fixer l'attention de personnes judicieuses, également en garde, et contre une crédulité puérile et contre une incrédulité systématique.

C'est alors et après dix mois d'attente que Mgr l'Evêque de Grenoble rendit l'ordonnance suivante :

PHILIBERT DE BRUILLARD, *par la miséricorde divine et la grâce du Saint-Siége apostolique, Evêque de Grenoble.*

Vu les deux rapports qui nous ont été adressés l'hiver dernier par les deux commissions nommées par nous à cet effet, sur l'apparition de la sainte Vierge à deux jeunes bergers de la paroisse de la Salette, canton de Corps;

Vu les immenses progrès qu'a fait cet événement dans l'opinion publique, soit aux environs du lieu dont il s'agit, soit dans les diocèses voisins et une grande partie de la France;

Vu les procès-verbaux qui nous ont été transmis au sujet de beaucoup de guérisons ou étonnantes ou miraculeuses, opérées soit sur la montagne, soit ailleurs, par l'usage de l'eau de la fontaine qui l'arrose;

Vu les demandes que nous recevons chaque jour de toutes parts, à l'effet d'obtenir de nous une décision sur l'événement;

Vu la conviction qu'ont éprouvée un grand nombre de personnes, prêtres et laïques, qui sont venues nous en faire part, après avoir visité les lieux et entendu les enfants, sans compter les milliers de pèlerins que nous n'avons point vus, et qui partagent la même opinion;

Considérant qu'il est de notre devoir de faire prendre des informations juridiques, tant à Corps et à la Salette, que dans les lieux où il n'est bruit que de guérisons miraculeuses:

Nous avons nommé M. l'abbé Rousselot, professeur de théologie à notre grand séminaire, chanoine de notre cathédrale et vicaire général honoraire, et M. Orcel, chanoine aux honneurs et supérieur dudit établissement, en qualité de commissaires délégués pour dresser une enquête et recueillir tous les renseignements relatifs au Fait dont il s'agit. Nous les engageons à s'adjoindre les prêtres et laïques dont ils croiront la présence utile pour parvenir à la connaissance de la vérité. Ils requerront d'une manière toute particulière l'avis des médecins qui auront traité les malades que l'on dit avoir obtenu leur guérison par l'invocation de Notre-Dame de la Salette, ou par l'usage de l'eau miraculeuse.

Donné à Grenoble le 19 juillet 1847.

† **PHILIBERT**, *Evêque de Grenoble.*

Par Mandement :

CHAMARD, *chanoine honoraire, secrétaire.*

Munis de cette ordonnance, les deux commissaires délégués se mirent en route, parcoururent neuf diocèses du midi de la France, visitèrent ensuite la montagne, interrogèrent les deux enfants, plusieurs habitants de Corps et de la Salette, et dressèrent en conséquence le Rapport, qui fut lu, discuté et approuvé dans huit séances tenues à l'Evêché, devant une Commission nombreuse présidée par le vénérable Prélat en personne. Ce Rapport forme la matière du volume que nous avons publié en 1848, et qui, à raison du sujet et de l'approbation épiscopale a été favorablement accueilli du public religieux.

§ III. — *Complément aux notions déjà données sur les miracles dans notre Rapport de 1848.*

Notre *Rapport* de 1848 est précédé d'une introduction dans laquelle nous traitons, entre autres choses, *des moyens auxquels on peut reconnaître qu'un fait extraordinaire est vraiment surnaturel et miraculeux.* Nous devons ajouter ici *quelques notions* sur *cette matière,* utiles ou nécessaires aux personnes peu familiarisées avec les connaissances théologiques sur les miracles. En lisant dans ce livre que Monseigneur l'Archevêque de Sens a, par un jugement doctrinal, déclaré que la guérison d'*Antoinette Bollenat*, d'Avallon, est vraiment miraculeuse et *constitue un miracle de troisième ordre*, ces personnes désireront naturellement fixer leurs idées sur la signification précise des termes de cette décision dogmatique.

NOUVELLES NOTIONS SUR LES MIRACLES.

Selon saint Thomas, Benoît XIV et les théologiens, il y a des miracles de trois ordres différents. Ceux du *premier ordre* sont *au-dessus* des forces de la nature, visible et invisible, humaine et angélique; ils semblent exiger tout le bras, toute la puissance de Dieu; ils sont l'empreinte du Créateur. Telle est la résurrection d'un mort. Aussi, dès qu'ils sont avérés, ils forcent notre raison à reconnaître que le Tout-Puissant seul a pu en être l'auteur.

Les miracles de *second ordre* sont *contraires* à l'ordre naturel; ils surpassent les forces de la nature humaine; mais ils peuvent avoir été opérés par des êtres supérieurs à l'homme, par les anges, par exemple. Ainsi, à la voix de Josué, le soleil s'arrête dans sa course; au commandement de Moïse, la mer Rouge s'entr'ouvre, etc. Ces miracles ne surpassent point les forces naturelles des bons anges ni même celles des mauvais. Mais comment discerner si un fait merveilleux a été opéré par les bons ou par les mauvais anges? Remarquons d'abord que les bons anges, instruments dociles de Dieu, ne peuvent agir sur la nature créée que dans l'intérêt de la gloire de Dieu, que pour le triomphe de la vérité, que pour le salut des hommes. Remarquons ensuite que les mauvais anges sont limités dans l'exercice de leurs forces ; qu'ils ne peuvent faire tout le mal qu'ils veulent; que Dieu ne leur permettra pas un usage de leurs forces naturelles, capable de produire une erreur *universelle* et *invincible*; et qu'enfin leurs opérations qui ne sont que de simples prestiges, se distingueront facilement des opérations des bons anges et des amis de Dieu. Ainsi, Pharaon lui-même et ses courtisans, distinguèrent-ils facilement les miracles éclatants et plus nombreux de Moïse, de quelques effets peu nombreux produits par les enchantements des magiciens d'Egypte.

Saint *Thomas*, après saint *Augustin*, donne cinq règles pour discerner les vrais miracles des faux ou des prestiges du démon. Ce sont :

1° L'*efficacité*. L'esprit d'erreur est borné dans son pouvoir, dans sa malice, tandis que l'autorité de Dieu n'a point de limites. Un vrai miracle opère dans la réalité; le merveilleux qui vient du démon n'a qu'une vaine apparence, n'est qu'une fascination momentanée des sens, un court détournement de l'attention ;

2° La *durée*. Souvent le prestige n'a qu'un instant et tout rentre dans l'ordre ;

3° L'*utilité*. Dieu ne prodigue point inutilement

sa puissance ; il est indigne de lui de la faire servir à des scènes puériles, ridicules, impies, indécentes ;

4° Le *moyen*. Les vrais miracles s'opèrent par la prière, par l'invocation de la sainte Trinité, de Jésus-Christ, de la sainte Vierge ou des Saints. Les faux prodiges se font par des évocations des démons, par des artifices honteux, par des actions extravagantes ;

5° Enfin, la *fin*. La gloire de Dieu, le bonheur de l'homme, le règne de la justice, le triomphe de la vérité : voilà les fins que se propose l'Etre infiniment sage et bon. Tromper les hommes, les pervertir et les perdre : voilà ce que veut atteindre l'esprit de ténèbres par les faux miracles.

Après tout, lorsqu'il survient quelque embarras sur la vérité des miracles, il faut s'en rapporter à l'autorité de l'Eglise et déférer à son jugement.

Les miracles du *troisième ordre* ne sont au-dessus de la puissance naturelle de l'homme que quant *à la manière* dont ils sont opérés. Telles sont les guérisons qui pourraient avoir lieu dans une autre hypothèse ; mais qui arrivent avec le concours de tant de circonstances inespérées, qu'elles ne peuvent être du ressort de la nature, et qu'elles doivent par conséquent être mises au rang des miracles. Ainsi, la guérison de la belle-mère de saint Pierre fut un miracle, non parce que la fièvre ne peut être guérie par la médecine, mais parce que, au commandement du Sauveur, cette fièvre cessa sur-le-champ et que la malade recouvra à l'instant même toutes ses forces, ce qui est contre le cours ordinaire de la nature. — Ces miracles de troisième ordre doivent réunir les sept conditions que nous avons énumérées dans notre Rapport, page 20, d'après le savant *Benoît XIV*; conditions que *Dieulin* réduit à trois. D'après ces principes, la guérison d'*Antoinette Bollenat*, renfermant ces sept conditions, constitue un miracle de troisième ordre.

En terminant cette introduction, nous voulons ici témoigner notre vive reconnaissance à M. Mélin, curé-archiprêtre de Corps; à M. Perrin, curé de la Salette; à M. Darcy, chanoine et curé-archiprêtre d'Avallon; à M. Gobert, vicaire de Calais; à M. Carbon, aumônier de la maison Saint-Charles, à Cambrai; ainsi qu'à plusieurs autres personnes honorables, de l'empressement et du zèle qu'ils ont mis à recueillir et à nous procurer des renseignements authentiques sur les miracles et sur les autres faits dont nous allons parler.

Puisse cette nouvelle publication contribuer, ainsi que la précédente, à la gloire de Dieu, au salut des âmes, à la conversion des pécheurs, et à l'honneur de Celle que tout nous presse d'invoquer de plus en plus, et que l'on n'invoqua jamais en vain!

NOUVEAUX DOCUMENTS

sur

L'ÉVÉNEMENT DE LA SALETTE,

ou

SUITE ET COMPLÉMENT

du

RAPPORT FAIT A Mgr L'ÉVÊQUE DE GRENOBLE

sur

L'APPARITION DE LA Ste VIERGE,

DU 19 SEPTEMBRE 1846.

ARTICLE I.

OBJECTIONS FAITES CONTRE NOTRE RAPPORT.

A peine dix-sept mois s'étaient-ils écoulés depuis l'apparition de la Salette, lorsque tout à coup éclate la révolution du 24 février 1848. L'Europe endormie se réveille en sursaut. Les peuples sont agités, la France n'a plus de gouvernement, les trônes chancellent, le crédit disparaît, le commerce et l'industrie sont paralysés, les doctrines les plus subversives de l'ordre sont proclamées, les ruines s'accumulent, toutes les existences sont menacées, la société est ébranlée jusque dans ses fondements. Les esprits vivement préoccupés de ce bouleversement général devaient naturellement donner moins d'attention au fait de la Salette; ils devaient même l'oublier complétement. Le contraire est arrivé. Les malheurs publics et privés ont pour ainsi dire forcé tous les regards à se tourner du côté de la sainte Montagne, et tous les cœurs à y chercher des consolations pour le présent et des espérances pour l'avenir. Des esprits solides ont cru découvrir dans l'éruption terrible du volcan révolutionnaire l'accomplissement littéral des premières paroles prophétiques sorties de la bouche de la Vierge de la Salette : *Si mon peuple ne veut pas se soumettre, je suis forcée de laisser aller le bras de mon Fils; il est si lourd, si pesant, que je ne puis plus le retenir.* Beaucoup de personnes se sont imaginées depuis lors que cette épouvantable catastrophe était le secret confié aux petits bergers. Ceux-ci n'ont rien dit; mais qui sait si les autres parties de la prophétie n'auront pas aussi leur terrible accomplissement, *si on ne se convertit?*

Cette préoccupation générale des esprits nous fit retarder la publication de notre *Rapport*, prêt depuis plusieurs mois, dans la pensée qu'il passerait inaperçu. A notre grand étonnement, le livre a été enlevé rapidement à plusieurs milliers d'exemplaires; il nous a valu d'honorables adhésions. Mais en même temps, il a soulevé quelques objections auxquelles nous allons répondre.

Et d'abord, les protestants se sont mis sur les rangs pour combattre le fait de la Salette. Ennemis irréconciliables du culte de Marie, à laquelle cependant ils ne peuvent, d'après leurs symboles, refuser ni la *Maternité divine*, ni une *éminente sainteté*, ils ont attaqué l'apparition dans des brochures plus piquantes par les titres que par la force des preuves et des raisonnements, et dans lesquelles le récit simple et naïf des petits bergers est ou malicieusement tronqué ou indignement travesti.

Citons d'abord les Mystères de la Salette *par Napoléon Roussel*, auteur fécond d'une foule de petites brochures, *La Religion d'argent*, *Encore la Religion d'argent*, *La Vierge et les Saints*, *Le catholique automate*, etc., etc. Il faut du courage pour lire de pareilles rapsodies, où respire la haine de la religion catholique, et dans lesquelles les injures, la calomnie et les imputations les plus odieuses viennent prendre la place de la justice, de la vérité et de la raison. Qu'on juge de ces brochures par celle que nous analysons ici.

Dans cet imperceptible opuscule contre la Salette, l'auteur veut bien convenir que les deux petits bergers ne sont point trompeurs, aveu précieux et important; mais il soutient qu'ils sont trompés, et que l'apparition est une œuvre *humaine* ou *satanique*, au choix. Et pour le prouver, il vous dit gravement que les deux petits bergers n'ont pu devenir tout à coup *connaisseurs en pierreries* et savoir *distinguer les diamants des rubis;* que la sainte Vierge, habitante des cieux, *n'a pu répandre des larmes*, qu'elle n'a pu *s'entretenir de pommes de terre;* que Satan seul a parlé et puis s'est contredit, et qu'au moyen de cette apparition, il a *ensorcelé* non-seulement les deux enfants, mais les *gendarmes*, mais un *marquis*, mais *quatre curés*, mais bon nombre des habitants du pays..... Il commente à sa manière les paroles de la sainte Vierge, laquelle est toujours, selon lui, le diable ou un fantôme ; il lui trouve à redire qu'en bonne protestante elle n'ait pas défendu l'*adoration* des images (éternelle imputation calomnieuse faite aux catholiques par des gens qui ne peuvent ignorer notre véritable doctrine sur cette matière);...... Suit un récit ridicule et fabuleux du premier anniversaire. Enfin, il conclut par une sortie tant soit peu niaise contre le vénérable Evêque de Gap, contre les superstitions, etc. En un mot, le diable et les gens ensorcelés par lui ont tout fait ; *Napoléon Roussel*, la Bible à la main et interprétée par lui, vous le dit : croyez-le.

Une seconde brochure est intitulée : *Satan et deux bergers des Alpes*, par *Jules Daudel*. Celui-ci, catholique ignorant ou protestant déguisé, nous ne savons lequel des deux, prétend que l'apparition de la Salette n'est point une illusion des sens, ni une hallucination, ni un effet de l'imagination ; il en admet donc la réalité ; mais il reste convaincu que la Dame qui a apparu *n'est autre que Satan*. Et pour le prouver, il se contente d'assurer que le diable exerce à Paris, en France et partout la *divination* et la *médecine* (*sans diplôme*, ajoute-t-il); qu'il est invoqué dans le *magnétisme animal*; que M. *de Lamennais* est son premier secrétaire ; que M. *de Châteaubriant* salit la Religion de toutes sortes d'*obscénités ;* que M. l'abbé *Paramel* doit être rangé parmi les devins, sorciers et autres suppôts de Satan. Vient ensuite l'histoire de la procession faite à Paris en 1793 pour l'installation de la *déesse Raison*, preuve singulière que Satan est la *Dame de la Salette*. L'auteur s'attaque aux promesses et aux plaintes de la sainte Vierge, et, comme de raison, il a beau ouvrir les yeux, il ne voit que Satan et derrière l'ange des ténèbres, il croit entrevoir un peu l'Evêque de Grenoble, le Cardinal archevêque de Lyon, quelques jésuites,... et un peu plus loin, des prélats et des couvents en compagnie des sept péchés capitaux. Enfin, sa vue rétrospective lui découvre qu'en 1829, Mgr *de Quélen*, archevêque de Paris, accumulait un million et laissait mourir les pauvres de faim.

Pour complément de toutes ces belles preuves, il fallait remonter jusqu'à *Simon le magicien* et à *Apollonius de Tyane*, et puis d'un saut hardi, bondir jusqu'à *Cagliostro*, pour finir brusquement et contre toute attente, par un éloge de *Pie IX*, affligé par Satan, et de *Louis-Philippe*, assassiné par les émissaires de Satan.

Et voilà les preuves singulièrement démonstratives de l'apparition de Satan à deux petits bergers des Alpes! Et c'est dans ce siècle de lumière et de raison, que s'impriment de pareilles inepties!

S'il pouvait y avoir quelque chose au-dessous des brochures protestantes dont nous venons de parler, et qu'on réfute en les analysant, ce serait la brochure d'un enthousiaste, grossièrement ignorant, qui, sans jugement, sans critique, sans preuve, nous donne une multitude d'*apparitions* de la sainte Vierge, *comme s'il en pleuvait*. Comment cette brochure informe a-t-elle trouvé un imprimeur pour la mettre au jour, un prétendu religieux pour la colporter, un seul acheteur pour la lire? L'auteur ne sait ni le latin, qu'il cite de mémoire, de manière qu'au lieu de *cum Sancto Spiritu in gloriâ Dei Patris*, il vous condamne à lire : *probatus comentis Spiritús in gloriâ Patris;* ni le français, puisque le *maître-autel* d'une église est pour lui un *maître-hôtel*, etc., etc.; ni la géographie, puisque la *Salette* (pour lui la *Sellette*), est *une haute colline située dans une ville du département des Alpes, etc.* Citons plutôt son curieux morceau sur la Salette :

« Apparition de la sainte Vierge le 19 septem-
» bre 1846, à un *jeune* (*sic*) berger et bergère,
» sur la montagne de la Sellette (*sic*), canton de
» Corps, diocèse de Grenoble.

» Deux jeunes enfants, âgés environ de neuf à
» dix ans, gardaient leurs troupeaux *sur une haute*
» *colline, dans une ville du département des Alpes*
» (*sic*); la sainte Vierge leur apparut et leur parla
» en ces termes : Hier au soir, votre père en vous
» donnant à souper, *n'est-il pas vrai qu'il vous dit*
» (*sic*) : mes enfants, l'année est très-mauvaise;
» dès aujourd'hui il faut diminuer votre ration.
» Ils répondirent que oui. Le monde se plaint
» aussi que les pommes de terre se gâtent toutes.

» Le mal ne s'arrêtera pas là, et si on ne se con-
» vertit pas, si on ne fait pas pénitence, on peut
» s'attendre à des fléaux plus terribles que ceux
» qui nous désolent à présent. De plus, *on peut*
» *prédire* que si la paroisse de notre ville ne se
» convertit pas, dans peu de temps elle sera dé-
» truite en entier. »

Par les bévues accumulées dans ce récit, que le lecteur juge du reste du livre, composé, nous le disons sans crainte d'être démenti, en dépit du sens commun, ou par un enthousiaste imbécile, ou par un sacrilége parodiste, ou par un misérable jongleur qui spécule sur la crédulité publique.

Laissons maintenant de côté et les protestants et les enthousiastes, et venons aux objections spéciale- ment dirigées contre notre *Rapport*, par quel- ques personnes respectables. Leur incrédulité, nous assure-t-on, scandalise les simples dont la foi est moins raisonnée, et étonne ceux qui, après un mûr examen, admettent le Fait.

Mais avant d'entrer dans le détail de leurs ob- jections, qu'on nous permette quelques réflexions générales qui aideront à les résoudre.

1° Aucune vérité contre laquelle on ne puisse faire des sophismes; aucun fait auquel on n'op- pose quelque probabilité. Qu'y a-t-il de plus cer- tain que les faits évangéliques? Ils sont cependant l'objet d'attaques incessantes. Il n'y a donc point à s'étonner que le fait de la Salette trouve encore des contradicteurs;

2° Les objections peuvent produire des doutes;

jamais elles n'opèrent une conviction, jamais elles ne peuvent renverser la vérité. On peut donc élever des doutes et multiplier les objections contre le fait de la Salette; mais parviendra-t-on à renverser les preuves solides sur lesquelles il est appuyé?

3° De même que pour être solidement instruit de la Religion, il n'est pas nécessaire de connaître toutes les objections imaginées contre elle; de même aussi, pour ajouter foi au fait de la Salette, il suffit d'en étudier et d'en peser les preuves, sans qu'il soit nécessaire de connaître toutes les difficultés par lesquelles on cherche à le combattre. Aussi notre intention n'est-elle pas de réunir ici toutes ces difficultés; les unes n'ont besoin que d'être mises au jour pour être résolues; d'autres altèrent le langage des deux enfants, et tombent ainsi d'elles-mêmes; d'autres enfin ne sont que des conjectures hasardées, des suppositions gratuites, de purs sophismes, qui en prouvant l'embarras des aggresseurs, ne font que mieux ressortir la vérité du fait;

4° Le fait de la Salette a contre lui un très-petit nombre de personnes graves et instruites; mais il a pour lui un bien plus grand nombre de personnes qu'on ne peut taxer de légèreté, et auxquelles on ne peut refuser le savoir. Il a contre lui des obscurités et des objections; mais il a pour lui des preuves solides et convaincantes;

5° Pour attaquer ou nier un fait, il suffit d'avoir quelque intérêt de le trouver faux ou mal prouvé, par exemple, un intérêt d'amour-propre qui ne veut pas penser comme le vulgaire. Au contraire, pour admettre un fait, il faut en examiner les preuves, il faut faire taire toute prévention, toute répugnance, tout préjugé; il faut enfin agir sur sa volonté et sur sa liberté. Aussi a-t-on dit avec vérité, qu'un chrétien qui croit et pratique, prouve plus en faveur de la vérité de la Religion que ne prouvent contre elle des milliers d'incrédules qui dédaignent d'en examiner les preuves, ou qui étant convaincus, n'ont pas le courage de régler leur conduite sur leur croyance. On pourrait appliquer ce raisonnement aux défenseurs et aux adversaires du fait de la Salette;

6° Depuis plus de trois ans, le Fait de la Salette a tellement grandi; il a pris des proportions tellement gigantesques; il a été examiné par tant de témoins irréprochables; il a eu un si grand retentissement dans l'univers; il marche majestueusement escorté de tant de conséquences merveilleuses, etc., qu'il est comme impossible aujourd'hui de ne pas s'écrier : *Digitus Dei est hic*; le doigt de Dieu est ici ? (Exod. 8, v. 19.)

En présence d'un pareil fait, que deviennent les objections des opposants? Voudront-ils toujours faire passer les deux petits bergers pour *menteurs, visionnaires, cupides*, etc. ? Espèrent-ils encore expliquer le fait par le passage de quelque sorcière ? Auront-ils recours aux lieux communs des fausses visions, des apparitions trompeuses, des prestiges sataniques? La plupart de leurs objections ont été prévues dans notre Rapport. Et quant aux autres, nous pourrions nous contenter de leur dire pour toute réponse : *Argumentez tant que vous voudrez ; il n'est aucune de vos difficultés à laquelle on ne puisse donner une réponse vraiment philosophique et péremptoire ;*

7° Comment se fait-il qu'après plus de trois ans, les enfants de la Salette continuent à présenter à tous les observateurs deux phénomènes aussi étonnants qu'inexplicables. Le premier est leur invincible ténacité à garder leur secret, et leur sagacité toujours plus merveilleuse à se tirer des piéges qu'on leur tend pour le leur arracher. Le second est de rester toujours tellement étrangers au Fait qu'ils transmettent et dont ils voient chaque jour grandir les conséquences, qu'on ne peut découvrir en eux la moindre trace d'amour-propre, de retour sur eux-mêmes. Objets de la curiosité, de l'admiration et presque du culte des pèlerins les plus distingués, jamais ils ne s'admirent. Témoins journaliers du concours prodigieux dont ils sont la cause première, ils ne se replient point sur eux-mêmes. Ils entendent avec indifférence le récit des merveilles opérées par l'invocation de Notre-Dame de la Salette ; ils ont sous les yeux des milliers de gravures, de statues, de médailles, etc., qui les représentent en face de la sainte Vierge, ils n'y donnent nulle attention ; aujourd'hui comme le premier jour, on dirait que le Fait ne les regarde point. Et cependant depuis trois ans, ils vont à l'école ; ils ont pris de l'instruction, ils ont fait leur première communion ; *Maximin* a même commencé avec succès l'étude du latin. Eh bien! ils se montrent toujours et à tous avec ce naturel inculte qui fait dire : *Il fallait de tels apôtres à la Reine du ciel.*

Au besoin ces réflexions suffiraient à la solution de toutes les difficultés. Toutefois, comme parmi ces difficultés il en est qui pourraient arrêter quelques lecteurs, nous allons résoudre les principales.

1re OBJECTION. On s'attaque avant tout à notre *Rapport*, et on nous accuse d'avoir sciemment tronqué *Dieulin* dans un passage que nous lui avons emprunté, pages 19 et 20, et dans lequel l'auteur après ces mots : *physiquement constatables*, auxquels nous nous sommes arrêté, ajoute ces trois-ci : *c'est-à-dire, visibles et tangibles*, que nous avons supprimés comme nuisibles à la cause que nous défendons.

RÉPONSE 1re. Attaquer la sincérité et la bonne foi d'un auteur pour enlever tout crédit à son livre est une tactique habile contre laquelle nous protestons, et contre laquelle réclameraient, au besoin, et ceux qui nous connaissent, et ceux qui après avoir lu attentivement notre Rapport, nous ont reproché, non un enthousiasme passionné et aveugle pour le Fait, mais notre timidité et une espèce d'indécision. Elles auraient voulu nous voir plus affirmatif, plus tranchant, plus décidé. Auquel de ces deux jugements opposés faut-il s'arrêter? Le lecteur prononcera.

RÉPONSE 2e. Après *Dieulin*, nous avons cité immédiatement Benoît XIV, et énuméré avec ce savant pape les sept conditions dont la réunion fait reconnaître un miracle dans une guérison. Ces sept conditions sont réduites à trois par *Dieulin*. Quel intérêt avions-nous à citer fidèlement l'un et à tronquer malicieusement l'autre?

Réponse 3e. En nous arrêtant après ces mots, *physiquement constatables*, et en omettant les suivants, *visibles et tangibles*, nous avons agi sciemment et nous agirions encore de même si c'était à recommencer.

En effet, la certitude physique repose sur le témoignage constant et uniforme des différents sens. Ce qui est *physiquement constatable*, peut donc être constaté ou prouvé par le témoignage d'un ou de plusieurs des cinq sens; c'est-à-dire, qu'il peut être constaté aussi bien par l'*ouïe*, l'*odorat* et le *goût* que par le *tact* et la *vue*. *Dieulin* affaiblit évidemment et restreint mal à propos et sans s'en douter, la valeur des mots *physiquement constatables*, en ajoutant ceux-ci : *c'est-à-dire*, *visibles et tangibles*. Que de miracles, même évangéliques, autrement constatés que par la *vue* ou par le *tact*! Quel est le sens qui a constaté le plus sûrement le changement de l'eau en vin aux noces de Cana? Est-ce la *vue* qui n'aperçut que de l'eau versée dans six urnes? Est-ce le *tact* qui ne pouvait éprouver que la sensation de l'eau? N'est-ce pas le *goût*, et le goût surtout qui découvrit l'admirable changement qui venait d'être opéré. *Ut autem gustavit architriclinus*.... Le *goût* de ce vin était-il par hasard *visible* ou *tangible*?

Au jugement des médecins, quel est de tous nos sens celui qui constate le plus sûrement la mort réelle de l'homme? N'est-ce pas *l'odorat*, qui avertit de la putréfaction? Aussi rien dans l'Evangile ne réhausse mieux la splendeur du miracle opéré par Jésus-Christ rappelant Lazare à la vie, que la parfaite constatation de l'état de mort où Lazare était depuis quatre jours. Cet état de mort, déjà certain à la *vue* et au *tact*, n'était-il pas encore plus fortement constaté par la puanteur qui s'exhalait du cadavre et dont *l'odorat* avertissait désagréablement? *Domine, jam fœtet; quatriduanus est enim* (Joan. 11, v. 39). Cette odeur cadavéreuse peut-elle être appelée *visible* ou *tangible*, avec *Dieulin*?

Enfin, Notre-Seigneur a guéri des sourds-muets, et retiré des portes du tombeau plusieurs malades, dont il est dit dans l'Evangile : *Incipiebat enim mori.* Or, le mutisme et le râle de la mort sont-ils constatables par la *vue* et par le *tact*? Ils ne sont ni *visibles* ni *tangibles*; ils ne sont constatables que par *l'ouïe* seule.

En dehors des faits miraculeux, les lésions organiques du cœur et du poumon ne sont-elles pas constatables et constatées par le procédé appelé *auscultation*?

Le goût et l'odorat ne jouent-ils pas un grand rôle dans la chimie, dans la minéralogie, dans les arts et les sciences physiques?

Qu'on juge maintenant si nous étions fondé dans l'omission des mots *visibles* et *tangibles*. En supprimant cette restriction, nous n'avons fait dire à *Dieulin* que ce qu'il voulait véritablement dire.

2ᵉ Objection. On nous accuse d'avoir mal cité le concile de Trente, p. 19 du *Rapport*.

Réponse. Nous avons cité le concile de Trente quant au sens et non quant à la lettre; mais nous ne l'avons point tronqué. Et pour le prouver, prenons le texte même (Sess. xxv, *de invoc. venerat.*, etc. *Sanctorum*) : « Le saint Concile veut qu'aucun miracle nouveau ne soit admis, qu'aucune relique nouvelle ne soit reçue, qu'après que l'Evêque l'aura reconnu et approuvé. Dès qu'il en aura entendu parler, il réunira en conseil des théologiens et d'autres personnages pieux, et fera ensuite ce qu'il jugera être plus conforme à la vérité et à la piété. » Nous avions dit, page 19 : *Le saint Concile a sagement défendu de proclamer aucun miracle qui ne soit avéré et authentique.* Or, pour un vrai fidèle, un miracle n'est bien avéré et authentique qu'après l'intervention et le jugement de l'Evêque établi, dit saint Paul, *pour gouverner l'Eglise de Dieu*, et ayant, en vertu de sa charge, le droit et le devoir de s'opposer aux superstitions, aux faux miracles, à toute nouveauté nuisible à la foi et aux bonnes mœurs. Avant le jugement de l'Evêque, le vrai fidèle pourra croire d'une foi humaine, ou sur le témoignage des autres ou sur le témoignage de ses sens, des faits miraculeux; il pourra les raconter de vive voix ou par écrit, il pourra s'en édifier ou en édifier les autres; mais ce ne sera qu'après le jugement de l'Eglise qu'il pourra les présenter comme ayant une *autorité ecclésiastique*, comme devant être crues d'une *foi ecclésiastique*, comme pouvant être le fondement de quelque culte nouveau, de quelque pieux pèlerinage. Que ce soit là le sens du saint concile, la chose est évidente. Le saint concile met sur la même ligne les *reliques* et les *miracles*, il défend de recevoir les uns et les autres avant que l'Evêque les ait reconnus. Or, avant le jugement de l'Evêque, ne pourrai-je avoir chez moi ou sur moi une relique, qui aura pour moi une authenticité privée? Avant le jugement des Evêques, n'écrit-on pas la vie des serviteurs de Dieu non canonisés? Et dans les vies des Saints, ne rapporte-t-on que les miracles examinés et adoptés dans les bulles de canonisation? En restreignant le sens du concile de Trente, comme semblent vouloir le faire nos adversaires, on va contre l'interprétation commune donnée aux paroles de ce concile; on tombe dans l'absurde, on condamne les Bollandistes, les hagiographes, les légendaires; on condamne les annales de la propagation de la foi, de l'archiconfrérie du Saint Cœur de Marie, etc.; on condamne l'histoire de tous les pèlerinages, de tous les sanctuaires.... Au reste, je dois déclarer ici que, pour cet écrit comme pour le précédent, je ne veux m'écarter en rien du décret d'Urbain VIII; que je ne veux ni donner aux miracles que je raconte d'autre autorité que celle qu'ils tirent des preuves dont ils sont environnés, ni prévenir le jugement des supérieurs ecclésiastiques.

3e OBJECTION. Notre Rapport appelle *phthisie pul-*

monaire la maladie mortelle dont a été subitement et radicalement guérie la sœur *Saint-Charles* d'Avignon.

Réponse. En épluchant notre *Rapport*, on a découvert que nous avions mal caractérisé la maladie de la sœur *Saint-Charles* en l'appelant *phthisie pulmonaire* : soit. Que s'ensuit-il ? que nous ne sommes pas médecins, ou que les noms vulgaires de certaines maladies sont aujourd'hui remplacés par d'autres plus scientifiques. Mais avons-nous été infidèle ou faussaire ? Nullement ; car nous avons donné tout au long et textuellement la description de la maladie, faite par les docteurs Gérard et Roche ; nous avons fait parler la supérieure de la communauté ; nous avons renvoyé à la *Gazette de Vaucluse*, etc. Enfin, et pendant l'impression même de notre *Rapport*, les trois grands vicaires capitulaires d'Avignon, nous donnèrent le 23 juin 1848, une réponse catégorique aux cinq questions précises que nous avions posées sur la maladie et sur la guérison de sœur *Saint-Charles*. On a beaucoup glosé, nous le savons, beaucoup incidenté sur la guérison de cette sœur ; nous n'en sommes pas surpris. Cette guérison est le plus éclatant miracle qui ait suivi l'apparition ; elle fut demandée et espérée en preuve de la vérité de l'apparition ; elle a dû dès lors devenir l'objet d'un examen plus approfondi, et provoquer les objections des adversaires du fait. Malgré tout ce qu'on a pu dire, nous sommes fondé à maintenir tout ce que nous avons dit de cette guérison, et à affirmer que la sœur Saint-Charles se portait bien et suivait en tout la règle de la communauté au moment où nous mettions sous presse.

On a prétendu que la sœur *Saint-Charles* avait été précédemment guérie plusieurs fois, et que la dernière guérison était naturelle comme les précédentes. Mais qu'on relise et qu'on médite les observations du docteur Gérard, page 110 du *Rapport*. Si les précédentes guérisons avaient eu lieu avec la réunion des circonstances qui ont accompagné la dernière, elles auraient aussi été surnaturelles comme la dernière.

On dit que la sœur *Saint-Charles* n'a jamais été guérie radicalement, qu'elle est toujours valétudinaire. — Mais madame Pineau, mais les observations du docteur Gérard, s'accordent à reconnaître, dans la sœur *Saint-Charles une constitution assez grêle, un tempérament délicat;* que c'était son état primitif; que le 16 avril 1847, elle a été rendue subitement à cet état primitif, qu'elle ne connaissait plus depuis huit ans.

Et si au bout de deux ou trois ans, la sœur *Saint-Charles* retombait malade, s'ensuivrait-il qu'elle n'a pas été guérie miraculeusement? Parce que Lazare est mort une seconde fois, s'ensuit-il qu'il n'a pas été véritablement ressuscité? Et Benoît XIV ne remarque-t-il pas qu'on peut avoir été miraculeusement guéri, quoiqu'on retombe après?

4ᵉ Objection. A Rome, l'apparition de la sainte Vierge à M. Alphonse Ratisbonne, n'a point reçu d'approbation; on n'est point tenu d'y croire; nous pouvons donc ne pas croire à celle de la Salette.

Réponse. La vision, qui opéra la conversion de M. Ratisbonne, eut lieu le 20 janvier 1842. Cette vision n'eut qu'un seul témoin; l'apparition de la Salette en a deux. La première a été suivie du changement instantané, de la conversion subite de M. Ratisbonne; cette conversion est devenue aussitôt la preuve morale, mais suffisante de la réalité de la vision. L'apparition de la Salette n'a-t-elle pas été suivie aussi de conversions prodigieuses et de miracles étonnants?

Nos adversaires font tort à leurs connaissances en ajoutant que la vision de M. Ratisbonne n'a point reçu d'approbation. Qu'ils apprennent donc que le 3 juin 1842, c'est-à-dire, cinq mois et demi seulement après, le cardinal Patrizi, vicaire général de S. S. Grégoire XVI, déclarait que la *conversion de M. Ratisbonne est un insigne miracle opéré à la prière de la bienheureuse Vierge Marie*. Cette déclaration fut faite par ordre de Sa Sainteté, et se trouve insérée dans les *Annales de l'Archiconfrérie*, p. 52 et 92. C'est à eux de voir s'ils doivent y croire. Quant à ce qui est de croire au Fait de la Salette, nous les prions d'examiner de quel côté, des défenseurs ou des adversaires, se trouvent le nombre et les preuves.

5e Objection. Peu de temps après l'apparition de la Salette, une Bohémienne fut arrêtée dans un pays voisin, emprisonnée et condamnée à Gap.

Donc l'apparition est peut-être le fait de cette Bohémienne, ou de quelque autre.

Réponse 1° Cette Bohémienne a eu le secret de se fondre et de disparaître aux yeux des deux petits bergers ; pourquoi n'a-t-elle pas usé de son secret pour échapper aux gendarmes, à la prison et à sa condamnation ?

2° Cette Bohémienne, composée de chair et d'os, comme toute autre femme, comment est-elle montée sur la montagne sans être aperçue tout le long de la route ? Comment n'a-t-elle été vue que de *Maximin* et de *Mélanie*, tandis qu'il y avait tant d'autres bergers sur la montagne ? Comment n'a-t-elle pas fait aboyer le chien de *Maximin*, qui au rapport de celui-ci, ne manquait pas de montrer les dents à quiconque approchait de son petit maître ? Où avait-elle pris, et dans quoi portait-elle le costume singulier, la croix, le marteau, les tenailles, les chaînes d'or, les roses, etc., dont elle parut tout à coup revêtue ? Où et dans quel coin avait-elle pu ainsi s'affubler, sans être aperçue de *Maximin*, de *Mélanie* et de trente autres petits pâtres ? Et cette clarté qui éblouissait les enfants, l'avait-elle dérobée au soleil ? Comment cette sorcière, étrangère à la Salette et à Corps, a-t-elle parlé le patois du pays ? Comment a-t-elle connu ce qui s'était passé au Coin ? Et si elle est du pays, comment le pays ne s'est-il pas aperçu de son arrestation, de son emprisonnement, de sa condamnation, en un mot, de sa disparition totale ? Avait-elle donc crû subitement dans le pays comme un champignon, pour n'être connue de personne?

Mais ce ne sont encore là que les moindres difficultés. Comment cette Bohémienne, femme ordinaire, a-t-elle gravé en caractères ineffaçables dans la mémoire ingrate et dans l'esprit grossier des deux petits pâtres, la longue narration qu'ils firent dès le jour même aussi bien qu'ils la font aujourd'hui? Comment s'est-elle avisée de leur confier un secret? Comment a-t-elle pu s'imaginer que ce secret serait inviolablement gardé, et qu'elle-même ne serait jamais trahie, jamais découverte par ces petits êtres? Comment a-t-elle pu les prémunir contre tous les piéges qu'on leur tendrait, contre tout ce qu'on tenterait pour leur arracher leur secret?

Les Bohémiennes ne font pas leur métier pour rien, elles cherchent à escroquer de l'argent. Et celle-ci que pouvait-elle dérober sur une montagne nue? Que pouvait-elle voler à de petits pâtres dépourvus de tout? N'est-ce pas au milieu des populations que ces malheureuses exercent leur coupable industrie? Et depuis trois ans, que gagne-t-elle, que fait-elle gagner à ses deux petits suppôts? Que ne pourrions-nous pas ajouter? Certes, pour échapper à un fait simple, les opposants aiment mieux dévorer des absurdités.

Au reste, la pièce suivante démontre jusqu'à l'évidence avec quelle maladresse on a prétendu infirmer l'événement de la Salette, en parlant du passage dans ces montagnes d'une ou de deux Bohémiennes. Ce passage est postérieur de sept mois à l'apparition; ces escrocs sont au nombre de quatre suivis de deux enfants; ils sont étrangers au pays; ils n'exercent pas inutilement leur coupable industrie dans le désert, ni sur une montagne nue, escarpée, éloignée de toute route connue, ni auprès de pauvres bergers qui ont à peine du pain à manger; ils s'adressent mieux; ils parlent d'un autre Sanctuaire, plus connu d'eux et plus ancien que celui de la Salette. Voici cette pièce :

Le sieur Solle (Hippolyte), brigadier de gendarmerie à la résidence de Corps (Isère), certifie que l'arrestation des nommés 1° Désiré Prin, marchand ambulant de faïence, natif de Nantes en Bretagne; 2° Lafleur (Madeleine), femme à Désiré Prin; 3° Larrivière-Dionis, natif de Piémont, profession d'herboriste; 4° Marguerite Debart, femme à Larrivière-Dionis, accompagnés chacun de deux jeunes enfants, tous quatre arrêtés par la brigade de gendarmerie de Corps, le 13 avril 1847, à la suite d'un escroc (1) d'une somme de 1200 fr. qu'ils ont fait au nommé Jacques Allard, dit l'Etoc, âgé de 80 ans, du hameau de Meyssabert, commune des Costes, canton de Saint-Bonnet (Hautes-Alpes). Cet escroc (1) de cette somme d'argent a été fait au sieur Jacques Allard, à la suite des promesses que leur faisaient ces quatre prévenus ci-dessus, lui disant de lui remettre son argent: qu'ils savaient qu'il en avait; qu'ils allaient le faire bénir et faire une neuvaine à Notre-Dame-du-Laus, et qu'après cette époque ils lui rendraient son ar-

(1) *Escroc* est ici mis pour *escroquerie*. Inutile de relever quelques tournures de phrases qui ne nuisent pas au sens.

gent et il en aurait en grande quantité, mais de n'en parler à personne avant seize jours.

Au moment de l'arrestation de ces quatre personnes, une fouille a eu lieu et la somme d'argent mentionnée ci-dessus a été retrouvée sur eux; a été saisie et a suivi les prévenus qui ont passé en jugement au tribunal correctionnel de Gap (Hautes-Alpes), dans le courant de juillet 1847, ont été condamnés, et la somme d'argent a été rendue à Jacques Allard, celui auquel il l'avait escroquée.

A Corps, le 3 décembre 1849.

Certifié par le brigadier soussigné.

SOLLE.

Et voilà le fait qu'on a le courage d'opposer à celui de la Salette, et par lequel on voudrait le combattre, ou l'infirmer ou l'expliquer!

6° OBJECTION. Depuis l'apparition de la Salette, il n'est bruit dans le monde que d'apparitions. Il y en a eu au *Périer*, à quelques lieues de la Salette; il y en a eu je ne sais combien dans le département de la Drôme. Vous n'admettez pas toutes ces apparitions postérieures; pourquoi admettrions-nous celle de la Salette?

RÉPONSE 1re. L'erreur vient après la vérité; la fausse monnaie suppose la véritable. Dès les premiers siècles, il parut de faux Evangiles parce qu'il y en avait de véritables. De ce que des têtes exaltées par le Fait de la Salette, se seront imaginées, elles aussi, avoir vu la sainte Vierge, l'avoir entendue parler, l'avoir vue disparaître, s'ensuit-il qu'elle n'a pas véritablement apparu à *Mélanie* et à *Maximin*? — Que ces apparitions subséquentes soient le fruit de cerveaux malades, cela résulte assez de ce que dans ces visions prétendues, il y a presque toujours eu *marteau et tenailles, secret obligé, larmes répandues*, etc. Désormais la Reine des cieux ne pourra plus se montrer autrement que comme elle a apparu à la Salette.

Réponse 2e. Que deux apparitions véritables puissent avoir lieu en même temps et dans des pays, même rapprochés, nous ne le nierons pas. Ainsi nous reconnaissons volontiers que les sanctuaires du *Laus* et de l'*Osier*, éloignés à peu près de 30 lieues l'un de l'autre, sortaient de terre tous deux vers le milieu du xviie siècle, et que tandis que Marie apparaissait à la vénérable sœur *Benoîte Rencurel* au Laus, elle se montrait aussi à l'Osier au protestant *Port-Combet*. Il ne s'agit que d'une chose, c'est que les visions, les apparitions et les miracles soient bien constatés de part et d'autre. — Que nos adversaires établissent la vérité des apparitions subséquentes à celle de la Salette, comme nous prouvons celle-ci, et alors nous y croirons.

Réponse 3e. Le démon, jaloux des résultats glorieux de l'apparition de la Salette, n'aura-t-il pas cherché à les détruire ou à les affaiblir, en secondant les pensées et les desseins d'hommes pervers, ou en exaltant l'imagination de quelques fausses dévotes pleines d'elles-mêmes et voulant faire parler d'elles? Par des prestiges et des apparitions simulées, il voudrait réussir à jeter du doute et de l'incertitude sur le Fait réel de la Salette. Ce ne serait pas ici son coup d'essai. Pour détruire l'effet des apparitions de la sainte Vierge à la sœur Benoîte et empêcher la construction du sanctuaire de Notre-Dame-du-Laus, cet ange de ténèbres suscita une jeune personne du voisinage qui se disait aussi favorisée des apparitions de Marie. Déjà l'œuvre du *Laus* était compromise. Bientôt la rivale de sœur Benoîte, en tombant dans une faute scandaleuse, rendit sensible à tout le monde la fausseté de ses prétendues visions. Attendons, et dans peu on connaîtra la valeur des apparitions qui ont suivi celle de la Salette.

Réponse 4°. Mais qu'avons-nous besoin d'attendre? Déjà un certain nombre de ces visions prétendues n'est-il pas tombé dans l'oubli et le mépris? La fausseté et la jonglerie de quelques-unes ne sont-elles pas déjà évidentes pour tout homme de sens? Et l'enthousiaste dont nous avons signalé plus haut la pitoyable brochure ne s'est-il pas chargé de faire tomber dans un oubli éternel, ces indécentes parodies du glorieux Fait de la Salette? Nous laissons de côté quelques autres objections qui, dans la bouche de nos adversaires, ne valent pas plus contre le Fait de la Salette, qu'elles ne valent sous la plume des incrédules contre les Faits évangéliques.

7° Objection. Un ecclésiastique du diocèse d'Amiens nous communique quatre objections faites dit-il, par des personnes instruites de son pays. Les voici :

1° Il est extraordinaire que la sainte Vierge n'ait pu se faire comprendre des deux enfants en leur parlant en français et qu'elle ait été obligée de leur parler en patois ;

2° On est choqué d'entendre les enfants parler des *bas jaunes* de la sainte Vierge ;

3° La sainte Vierge parle comme il convient à Dieu seul de parler : *Je vous ai donné six jours pour travailler....;*

4° On trouve ridicule l'exclamation d'un prêtre qui, à la vue de l'immense multitude qui couvrait la montagne, le 19 septembre 1847, s'est écrié : *Si la sainte Vierge n'a point apparu sur cette montagne, elle est obligée de s'y montrer aujourd'hui ! Si elle ne s'y montre pas, c'est qu'elle y a apparu.*

Réponse à la 1re difficulté. Notre-Seigneur *pouvait* assurément, mais il ne *voulut* pas enseigner toute vérité aux Apôtres avant la descente du Saint-Esprit. Qui osera lui demander compte de sa *volonté* et mettre en doute son pouvoir ?

La sainte Vierge, elle aussi, *pouvait* sans doute, mais elle n'a pas *voulu* faire autrement qu'elle n'a fait. Nous en hasardons une raison. En parlant français, la sainte Vierge rendait les enfants plus attentifs, et les empêchait de prendre la *belle Dame* pour une paysanne déguisée. En leur parlant patois au moment où ces enfants cessent de la comprendre, elle leur montre qu'elle connaît ce qui se passe dans leur esprit ; elle leur montre qu'elle est un être extraordinaire; en même temps, elle leur donne une preuve de bonté et de condescendance toute maternelle.

Réponse *à la* 2° *difficulté.* Pourquoi a-t-on demandé tous ces détails aux enfants? Ceux-ci, sans s'inquiéter si telle ou telle partie du costume de la sainte Vierge déplairait à certaines gens, si telle ou telle de ses paroles serait mal interprétée, ont dit simplement, constamment et à tous, ce qu'ils avaient vu et entendu. La naïveté, l'étrangeté même de leur récit, prouve qu'ils ne sont point trompeurs, qu'ils ne sont que simples, mais fidèles narrateurs du fait.

Au reste, nous croyons que le costume tel que le décrivent les deux enfants, et que jamais ils n'eussent pu l'imaginer, convenait parfaitement à la double attitude que voulait prendre à leurs yeux l'auguste Vierge. Car elle leur apparut 1° *comme la Reine du ciel,* glorieuse, immortelle, tout éclatante de lumière; 2° *comme la Mère des douleurs,* triste, affligée et versant de grosses larmes. Comme *Reine du ciel,* elle parut avec l'or, les perles, les roses, etc., dont s'environne ici-bas la grandeur humaine; mais cette parure, tout éblouissante qu'elle était, s'unissait néanmoins à la simplicité, à la modestie, à la candeur de la plus pure des Vierges; le bonnet qu'elle portait lui couvrait entièrement et les cheveux et les oreilles; si bien qu'un habile statuaire venu de Paris pour s'instruire dans l'intérêt de son art, après avoir fait sur les dires des enfants, un modèle en cire de la Vierge de la

Salette, avec les plus petits détails sur son costume, disait à qui voulait l'entendre que la Dame avait pris le costume simple et modeste d'une femme du moyen âge.

Comme *Mère des douleurs*, est-il étonnant qu'elle portât sur sa poitrine le *crucifix* avec le marteau et les tenailles, principaux instruments de la passion de son divin Fils?

A son éclat, les enfants dans leur ignorance jugèrent que c'était quelque grande Sainte ; en lui voyant répandre des larmes et en l'entendant parler de son Fils, ils crurent tout d'abord que c'était une *mère battue par son fils*. Voilà quelles furent effectivement les premières impressions des deux petits bergers à l'apparition et à la disparition de la *belle Dame*, ainsi qu'ils l'ont toujours ingénument avoué.

Réponse *à la* 3ᵉ *difficulté*. Un protestant converti a répondu à cette difficulté qui lui était faite par un ministre, et il nous fait part de sa réponse en ces termes : *Je vais répondre à mon pasteur (protestant) que la preuve de la vérité de l'apparition ressort de la phrase même. Dans une histoire fabriquée à plaisir, on aurait évité avec soin une grossière erreur qui n'était point nécessaire à sa propagation. Il ne peut donc y avoir erreur, mais tout simplement une manière rapide de s'énoncer par laquelle la sainte Vierge fait entrer dans son discours la parole même de son Fils. Un mot sous-entendu, ou omis par les enfants, comme* DIT-IL, DIT MON FILS, *rend la phrase aussi claire que le jour..... Je lui ai cité plusieurs passages de la Bible où l'on voit les Anges de Dieu parler aux hommes comme Dieu lui-même.* — Voyez la note au bas de la page 78 de notre Rapport.

Réponse *à la 4e difficulté.* 1° Nous n'avons point à justifier une parole échappée à un pieux assistant; bien moins donnons-nous ce cri de l'enthousiasme comme une preuve de la vérité de l'apparition; nous signalons seulement cette exclamation si naturelle à un homme qui se trouve tout à coup et contre toute attente, comme perdu dans une foule composée de soixante mille âmes. 2° A la vue de soixante mille pèlerins accourus de tous les pays, couvrant ces montagnes sauvages, inhabitées et presque inaccessibles, tous animés du même sentiment de dévotion envers Marie, l'ecclésiastique n'a-t-il pas pu dire avec vérité : *Ce concours religieux est si extraordinaire, si imprévu, et tellement en dehors des choses humaines, qu'il prouve la vérité de l'apparition. La voix de deux petits pâtres a-t-elle pu se faire entendre si au loin? Comment a-t-elle pu ébranler ces masses d'hommes dans un intérêt purement religieux, et contrairement à tous leurs intérêts temporels? Comment ces deux petits pâtres ont-ils fait ce que n'auraient pu faire cent missionnaires à la parole de feu?* Voilà ce qu'a voulu dire l'ecclésiastique, ce qu'il a dit en moins de mots. Et voilà aussi ce que tout le monde, *à peu près*, a compris. Ce concours prodigieux ne pouvait s'expliquer que par la vérité de l'apparition ; et ce concours se montrait si religieux qu'il aurait mérité que la sainte

Vierge lui apparût. Quoi de plus logique que ce raisonnement ?

8ᵉ Objection. On a élevé des doutes sur la cécité réelle de *Victorine Sauvet*, dont il est parlé au long, page 150 et suivantes du Rapport.

Réponse. Nous avons pris de nouvelles informations, nous avons écrit, nous avons fait parler, et nous pouvons assurer que le clergé et les habitants des montagnes qu'habite *Victorine Sauvet* sont pleinement convaincus de la réalité de cette guérison miraculeuse. — On pourrait, plus tard, se prévaloir d'une faveur du ciel, on pourrait en abuser ; mais l'abus qu'on en ferait ne prouverait pas qu'on ne l'a pas reçue.

9ᵉ Objection. Un médecin aurait déclaré qu'aucune des guérisons signalées dans notre Rapport, ne lui a paru au-dessus des ressources de la médecine.

Réponse. La fièvre de la belle-mère de saint Pierre n'était pas sans doute un mal incurable et au-dessus des ressources médicales. Pourrait-on conclure que la guérison instantanée et parfaite de cette fièvre qui disparut au commandement du Sauveur, n'est point un miracle?

Dans toutes les guérisons miraculeuses, il ne s'agit pas d'examiner si les maladies étaient naturellement curables ou non ; mais si elles ont été guéries naturellement, ou si elles ont été guéries en dehors des médecins et des remèdes ; si c'est par le seul recours à la prière, par l'invocation seule de la sainte Vierge, etc.

Les guérisons miraculeuses, nous l'avons dit, constituent des miracles de troisième ordre ; mais un miracle de troisième ordre bien constaté, sert à la canonisation ou à la béatification du Saint qui l'a opéré, aussi bien qu'un miracle de premier ou de second ordre.

Mais coupons court à toutes ces objections par la production d'une pièce importante, déposée au parquet de la Cour d'appel de Grenoble ; pièce que nous n'avions pu nous procurer lors de l'impression de notre *Rapport*, mais dont nous connaissions l'existence, et à laquelle nous avons fait allusion en disant, page 100 : *L'autorité a gardé le silence.* Cette pièce, c'est le procès-verbal de l'interrogatoire que subirent séparément les deux bergers devant le juge de paix de Corps, le 22 mai 1847, c'est-à-dire, huit mois seulement après l'apparition. Ce procès-verbal restera comme un monument authentique et impérissable du Fait de la Salette, et il donne lieu aux réflexions suivantes :

1° Cet interrogatoire avait lieu précisément dans le temps même où l'on vit accourir M. l'abbé *Bez* de Lyon, M. l'abbé *Lambert* de Beaucaire, et une infinité d'autres personnages graves de différents pays, pour interroger les enfants, les sonder, les confronter, et s'assurer de la vérité et des circonstances du Fait. Ainsi, l'autorité judiciaire concourait avec le clergé pour constater le Fait et le mettre au grand jour ;

2° Pendant les huit premiers mois, le Fait de la Salette s'était donc répandu au loin ; il avait donc retenti jusques dans les hautes régions du pouvoir, et celui-ci avait cru devoir s'en occuper; en s'en occupant, il l'a constaté;

3° Le récit fait par chacun des enfants, interrogé séparément par la justice, est absolument identique avec celui qu'avaient recueilli antérieurement MM. Chambon, Lagier, Dumanoir, etc.; parfaitement identique avec celui que publiait M. l'abbé Bez, et qu'emportait avec lui M. Lambert; identique encore avec celui qu'ils firent à leurs maîtres, au curé de la Salette, à celui de Corps, et à d'autres personnes les jours qui suivirent l'apparition; identique, en un mot, avec celui qu'on lit dans notre *Rapport*;

4° Le juge de paix constate l'âge et la condition servile des enfants; il déclare que leur récit ressemble à une leçon apprise, mais il en donne la raison, en disant : *qu'ils récitent si souvent, et à tant de personnes, qu'ils ont contracté l'habitude du récit;*

5° Le procès-verbal porte textuellement que les deux enfants ont été interrogés sérieusement, avec solennité, qu'*ils ont été introduits séparément; qu'on a expliqué à chacun d'eux qu'étant devant la justice, il fallait dire toute la vérité, mais rien que la vérité;* à quoi les enfants avaient répondu qu'ils *l'avaient toujours dite;*

6° Combien de sanctuaires en France et dans l'étranger voudraient posséder dans leurs archives une pièce aussi authentique, une pièce juridique, constatant aussi bien leur origine première?

Rendons hommage à la sagesse de MM. les Membres du parquet de Grenoble. Ces magistrats, sachant que le fait sur lequel ils avaient commencé d'informer, allait être l'objet d'une enquête épiscopale, et qu'il prenait dès lors les proportions d'un fait entièrement religieux, comprirent aussitôt qu'ils n'avaient plus à s'en occuper.

Mais le procès-verbal ne restera pas moins comme pièce de conviction; en voici le texte avec la lettre d'envoi au procureur du Roi :

**LETTRE DE M. LE JUGE DE PAIX DE CORPS
A M. LE PROCUREUR DU ROI.**

Corps, le 23 mai 1847.

Monsieur le Procureur du Roi,

J'ai l'honneur de vous adresser la déclaration faite des deux enfants qui ont annoncé l'apparition d'une Dame à eux inconnue dans un quartier de montagne de la Salette-Fallavaux, en septembre dernier. Ce récit ne diffère pour ainsi dire pas avec ce qu'ils ont raconté à leurs maîtres en rentrant le soir du jour même de l'apparition. *S'il y a quelque différence, c'est dans les mots, mais le fond est le même;* c'est du moins ce que *Pierre Selme* m'a raconté.

Agréez, M. le Procureur du Roi, l'hommage de mon profond respect.

F. LONG, *suppléant.*

Du 22 mai 1847.

Le juge de paix de Corps, assisté du greffier, a reçu la déclaration suivante.

Mélanie Mathieu, âgée de quatorze ans, née à Corps, déclare :
En 1846, j'étais bergère du sieur *Pra*, dit *Carron*, propriétaire, domicilié aux Ablandins, commune de la Salette-Fallavaux ; un samedi du mois de septembre dernier, je gardais avec Maximin Giraud, berger de Selme, dudit lieu des Ablandins, sur la montagne du hameau de Dorsières, appelé Dessous-les-Baisses. Nous abreuvâmes nos vaches dans un petit ruisseau, ensuite elles s'écartèrent ; nous goûtâmes auprès du ruisseau et nous nous endormîmes. Je me réveillai la première et n'apercevant pas nos vaches couchées, je réveillai mon compagnon, je me dirigeai la première sur le coteau ; Maximin me suivit. Là nous aperçûmes nos vaches couchées ; nous redescendîmes au lieu où nous avions goûté ; il faisait soleil, j'étais encore la première ; c'était alors deux ou trois heures après midi, lorsque j'aperçus moi-même une clarté à deux ou trois pas du lieu où nous avions dormi ; je dis à Maximin : vois une clarté ; il me demanda où elle était ; je la lui indiquai avec le doigt, et il la vit comme moi ; nous en étions distants de *sept à huit pas* ; en la fixant nous aperçûmes peu à peu qu'il y avait une Dame dans cette clarté, assise sur une pierre plate supportée par d'autres ; son corps était penché en avant, ses coudes reposaient sur ses genoux et sa tête était appuyée sur ses deux mains ; elle était tournée vers nous. Pendant que nous continuions de la fixer, la

Dame se leva, fit quelques pas pour venir à nous et nous dit :

« *Avancez, mes enfants, n'ayez pas peur, je suis ici pour vous conter une grande nouvelle.* Nous avançâmes et nous nous rencontrâmes au lieu où nous avions dormi, et là elle nous dit :

» Si mon peuple ne veut pas se soumettre, je suis forcée de laisser aller la main de mon Fils; elle est si forte, si pesante, que je ne puis plus la maintenir. Depuis le temps que je souffre pour vous autres, si je veux que mon Fils ne vous abandonne pas, je suis *chargée* de le prier sans cesse; que pour vous autres vous *en* faites pas cas. Vous aurez beau prier, beau faire, que jamais vous ne pourrez récompenser la peine que j'ai prise pour vous autres. Je vous ai donné six jours pour travailler, je me suis réservé le septième; on ne veut pas me l'accorder; c'est ce qui appesantit tant la main de mon Fils; aussi, ceux qui mènent les charrettes ne savent pas jurer sans y mettre le nom de mon Fils au milieu; c'est les deux choses qui appesantissent tant la main de mon Fils; si la récolte se gâte, ce n'est rien que pour vous autres. Je vous l'ai fait voir l'année passée par les pommes de terre, vous n'en avez pas fait cas; c'était, au contraire, quand vous trouviez les pommes de terre gâtées, vous juriez et vous mettiez le nom de mon Fils au milieu; elles vont continuer cette année, et à la Noël il y en aura plus. »

Ne comprenant pas ce qu'elle voulait dire par *pommes de terre*, j'étais sur le point de le demander à Maximin quand la Dame dit : « Vous ne comprenez pas, mes enfants, je vais vous le dire autrement » et parlant le patois de Corps, elle nous dit :

« Si les truffes se gâtent, ce n'est rien que pour vous autres. Je vous l'ai fait voir l'an passé, vous n'en avez pas fait cas. C'était, au contraire, quand vous

» trouviez des truffes gâtées, vous juriez et vous y met-
» tiez le nom de mon Fils au milieu; elle vont conti-
» nuer; que cette année, à la Noël, il n'y en aura
» plus. Si vous avez du blé il ne faut pas le semer;
» tout ce que vous sèmerez, les bêtes le mangeront;
» ce qui viendra tombera tout en poussière quand on
» le battra. — Viendra une grande famine; — avant
» que la famine vienne, les enfants au-dessous de sept
» ans prendront un tremble et mourront entre les
» mains des personnes qui les tiendront, les autres
» feront leur pénitence de famine; les noix devien-
» dront boffes (vermoulues) et les raisins pourri-
» ront. S'ils se convertissent, les pierres et les rochers
» seront des monceaux de blé; les truffes seront en-
» semencées par les terres.

» Faites-vous bien votre prière, mes enfants? —
» Pas guère, Madame. — Faut bien la faire, mes en-
» fants; quand vous ne diriez qu'un *Pater* et un
» *Ave, Maria*, soir et matin, quand vous ne pourrez
» pas mieux faire; quand vous pourrez mieux faire,
» il faut en dire davantage. — Il ne va que quelques
» femmes un peu d'âge à la messe, les autres tra-
» vaillent tout l'été le dimanche; l'hiver, quand ils ne
» savent que faire, ils ne vont à la messe que pour
» se moquer de la religion; le Carême ils vont à la
» boucherie comme les chiens.

» N'avez vous pas vu du blé gâté, mes enfants? —
» Non, madame. — Vous en devez bien avoir vu,
» vous, mon petit, une fois au Coin, avec votre père,
» que le maître de la terre dit à votre père d'aller voir
» son blé gâté; vous y allâtes tous deux; vous prîtes
» deux ou trois épis dans vos mains, vous les frottâtes
» et tout tomba en poussière; vous vous en retour-
» nâtes. — Quand vous étiez encore à demi-heure de
» Corps, votre père vous donna un peu de pain, et
» vous dit : tiens, mon petit, mange encore du pain

» cette année, je ne sais pas qui va en manger l'an-
» née prochaine, si le blé continue comme cela.
   » Maximin répondit : oh! oui madame, je m'en
» ressouviens à présent ; tout à l'heure je ne m'en
» rappelais pas. — Eh bien! vous le ferez passer à
» tout mon peuple. » Ayant repassé la combe, la
Dame redit encore : « Oh ! bien mes enfants, vous le
» ferez passer à tout mon peuple. » Vers le milieu de
cette conversation, la Dame me dit un secret que je
ne puis pas révéler. Pressée de le déclarer, elle a persisté dans son refus.

La déclarante ajoute que la Dame monta sur le coteau où ils la suivirent : que là elle s'éleva à environ un mètre, et là, elle disparut insensiblement en commençant par la tête, il ne resta plus qu'une clarté qui disparut aussi. La Dame avait des souliers blancs entourés de roses de toutes couleurs, garnis d'une boucle jaune brillante; ses bas étaient jaunes; un fichu blanc croisé devant et attaché derrière par les deux bouts; une grande coiffe élevée, blanche, entourée d'une couronne de roses de toutes couleurs; elle avait une petite chaîne au cou au bout de laquelle était suspendue une croix à Christ jaune ; aux extrémités latérales de cette croix, il y avait d'un côté un marteau et de l'autre une tenaille; elle avait une autre grande chaîne sur les épaules, toutes deux étaient brillantes. En marchant, elle ne faisait pas fléchir l'herbe.

Sur les questions à elle faites, la déclarante répond qu'elle n'a parlé à personne sur la montagne; que, rentrée chez son maître, elle a rentré ses vaches; que, pendant qu'elle était après les traire en présence de sa maîtresse, Maximin est survenu et a raconté ce qui s'était passé, et ma maîtresse m'ayant dit si c'était vrai, je lui confirmai. — Le lendemain, sur l'invitation de nos maîtres, nous fûmes la raconter au Curé qui desservait alors la Salette, qui se mit à pleurer.

Maximin Giraud, né à Corps, âgé de 11 ans, déclare :

Qu'il n'était pas précisément en service, qu'il était seulement aller passer huit jours chez *Pierre Selme père*, des Ablandins, pour garder ses vaches;

Que le lendemain de l'apparition, il est rentré chez son père; sa huitaine était expirée, c'était un dimanche. Après ces déclarations, Maximin Giraud répète textuellement le récit de Mélanie Mathieu (1).

REMARQUES. Les deux enfants ont été entendus séparément.

On a expliqué à chacun qu'étant devant la justice il fallait dire toute la vérité, mais rien que la vérité.

Répondant qu'ils l'ont toujours dite, leur déclaration est débitée comme on réciterait une leçon; mais cela n'est pas étonnant; ils récitent si souvent et à tant de personnes qu'ils ont contracté l'habitude du récit (2).

---

(1) Dans l'original on lit *Calvas*, qui n'est qu'un surnom ajouté à *Mathieu*.

(2) Cette facilité ou plutôt cette *volubilité* qui accompagne le récit des enfants, a étonné dès le commencement; comme le juge de paix de Corps, bien des personnes l'ont assez naturellement attribuée à la longue habitude de répéter les mêmes choses; mais d'après de nombreux renseignements, nous pouvons assurer sans crainte d'être démenti, que les enfants montrèrent cette facilité dès le commencement. CELLE qui avait gravé en traits ineffaçables le fond des choses dans *l'ingrate mémoire* des deux petits bergers, leur donna en même temps cette *facilité étonnante* de débit, et cette *patience* toujours inaltérable de redire les mêmes choses tous les jours, plusieurs fois par jour et au gré de plusieurs milliers d'interrogateurs. *Notes de l'Auteur.*

Nous avons demandé sur cet interrogatoire des renseignements que M. Mélin, archiprêtre de Corps, a bien voulu nous donner dans la lettre suivante :

Monsieur le vicaire général,

Vous m'avez demandé, par votre lettre en date du 25 février, les détails qui sont à ma connaissance, relativement à l'interrogatoire subi le 22 mai 1847, par Maximin et Mélanie, en vertu d'ordres reçus de M. le Procureur du Roi, de ce temps-là.

Comme on a donné à cette mesure judiciaire la forme usitée en cas de prévention, je ne sais que fort peu de choses, et par ouï-dire de la part des deux enfants, sur ce qui s'est passé dans le huis clos où a eu lieu l'interrogatoire.

M. Long, notaire et maire de Corps, occupait, quant à ce, en sa qualité de premier suppléant, et faisait fonction de juge de paix, pendant l'intérim; M. Giraud, greffier de la justice, écrivait les dépositions. Ces deux fonctionnaires sont loin, l'un et l'autre, d'être en dessous de leur charge, par leur savoir; ni l'un, ni l'autre ne sont enthousiastes du fait de l'apparition. Il serait à désirer que vous pussiez vous procurer leur travail; c'est une pièce bien précieuse, puisqu'à la sévérité de la justice, se joint le calme de la raison et qu'elle est revêtue, en même temps, de la gravité de la magistrature, et de l'éclat du savoir.

Les deux enfants m'ont assuré qu'on les avait tournés et retournés en tous sens, pour les faire contredire; qu'ils avaient été interrogés séparément, puis simultanément, et confrontés l'un à l'autre; et surtout, très-sérieusement menacés des rigueurs de la justice, si, plus tard, on découvrait quelque mensonge dans leurs dépositions; mais rien n'a pu les faire taire sur ce qu'ils savaient; rien n'a pu leur faire ajouter ce qu'ils ne savaient pas.

C'était là ma conviction avant qu'ils se rendissent à la salle des audiences, et je la communiquai naïvement à leurs parents, quand ils vinrent, avec eux, tout effrayés, pour me prier de les accompagner, ainsi que leurs enfants. Non, leur répondis-je : en pareil cas, on ne laisse entrer personne, et j'en suis très-satisfait; mais rassurez-vous, vos enfants ne seront point embarrassés; ils feront mieux tout seuls, qu'assistés par qui que ce soit.

Aussi, ai-je souvent répondu à ceux qui attribuent le fait de l'apparition aux prêtres et au curé de Corps en particulier, que les plus grands coupables, aux yeux de la société, ne sont pas dans les rangs du clergé, mais bien parmi ceux que la loi et leur charge arment simultanément de tout pouvoir pour découvrir la supercherie, et punir sévèrement l'exploitation du mensonge.

On devrait brûler vivants les inventeurs de l'apparition, disait, très-dogmatiquement un magistrat; je suis de votre avis, répondis-je, et je m'offre à mettre le feu au bûcher; mais si on ne les découvre pas, les calomniateurs de cette merveille seront mis à leur place sur le bûcher, et pour être juste, j'y mettrai moi-même le feu : la proposition ne fut pas acceptée. Le lendemain de l'interrogatoire, je rencontrai par hasard M. Giraud : Eh bien! greffier, lui dis-je, en l'abordant, la séance d'hier vous a-t-elle fait découvrir quelque chose de nouveau, sur l'apparition? — Non; mais le Procureur du Roi ne s'en tiendra pas là; il ira en avant; nous avons rédigé les pièces et nous les avons envoyées au parquet. — Tant mieux si l'on poursuit, on finira par découvrir erreur ou vérité; mais gare à moi! après les deux enfants, je suis le premier à la barre de la justice. — Non : personne ne croit que vous soyez l'inventeur de ce fait, mais il pèse des soupçons sur une autre personne; nous la surveillerons. — Vous me rassurez bien un peu, en me mettant hors de cour et de procès; mais pourrait-on savoir quel est celui sur lequel vous avez les yeux ouverts? Est-ce un prêtre? — Nous sommes obligés de procéder lentement et avec prudence, autrement nous n'atteindrions pas notre but; mais c'est un prêtre. — Du canton? — Oui, du canton. — Vous m'étonnez, et vous m'embarrassez tout à la fois; faites-moi cette confidence, je me fais fort pour ce prêtre. — Eh bien, c'est votre voisin d'Ambel. — M. R...? — Oui, lui-même. — Je vous remercie de cette ouverture; rassurez-vous, mon pauvre greffier; mon voisin d'Ambel croit moins à l'apparition que vous.

En effet, M. l'abbé R. craignant de croire trop facilement, ou de ne pas croire assez, s'était tenu, jusque-là, dans une neutralité complète, par respect pour une vérité qu'on n'est pas obligé de croire, ne fût-elle que probable.

Voilà les détails qui sont à ma connaissance, et dont je puis vous maintenir l'exactitude et la vérité. Je les confie à votre sagesse et à votre prudence, pour en faire l'usage que vous jugerez convenable dans votre deuxième volume, que vous allez mettre sous presse et que l'on réclame depuis longtemps............

MÉLIN, *archiprêtre.*

Corps, 12 mars 1850.

ARTICLE II.

ADHÉSIONS NOMBREUSES DONNÉES A NOTRE RAPPORT ; TRADUCTIONS QUI EN ONT ÉTÉ FAITES.

Ce ne sera point dans un intérêt personnel d'amour-propre que nous parlerons de ces adhésions et de ces témoignages honorables qui nous sont arrivés de toutes parts et par lettres et par la presse. C'est le Fait seul de la Salette que nous envisageons ici ; c'est sa gloire que nous cherchons. Nous ne voulons voir et nous ne voulons mettre sous les yeux des lecteurs que les impressions produites dans le public, éclairé par le Fait lui-même, entouré de toutes ses preuves. Certes, des Evêques, des prêtres, des laïques, des organes de l'opinion publique, se seraient-ils prononcés en faveur de l'apparition de la Salette, sans examen, par complaisance, par l'entraînement d'une piété aveugle ou d'un enthousiasme irréfléchi? Le public se serait-il beaucoup préoccupé d'un livre qui n'a rien que de sévère dans sa forme, rien que de sérieux pour le fond, d'un livre de pure discussion et n'offrant à peu près qu'une thèse de théologie? C'est donc le Fait seul, le Fait présenté avec simplicité et sans prétention, le Fait revêtu de toutes ses preuves intrinsèques et extrinsèques, c'est le Fait en lui-même, discuté et adopté dans une commission nombreuse et choisie ; c'est le Fait publié sous le bon plaisir et avec l'approbation d'un vénérable Prélat : c'est le Fait, disons-le, qui a valu au *Rapport* que nous en avons fait, le succès de vogue qu'il a obtenu, et les adhésions que nous avons recueillies. C'est donc uniquement en vue du Fait et pour la plus grande gloire de l'auguste Vierge de la Salette que nous donnons ici le compte-rendu de notre Livre par quelques journaux religieux; que nous citerons ensuite quelques-unes des lettres reçues à son occasion; que nous parlerons des traductions qui en ont été faites.

§ 1.

Comptes-rendus de notre Rapport par des journaux religieux.

La *Gazette de Lyon* est le premier journal qui se soit occupé de notre *Rapport*. Voici ce qu'elle en dit dans son numéro du 1er octobre 1848 :

En rendant compte l'année dernière, de l'opuscule de M. l'abbé Bez, sur l'apparition de la Salette, tout frappés que nous étions de cet événement, nous attendions et nous appelions, pour y croire, un avis officiel de l'autorité ecclésiastique. Le vénérable Evêque de Grenoble, quelles que fussent ses impressions personnelles dans l'élan unanime qui portait les populations à recueillir, comme digne de foi, le récit étrange de deux enfants des montagnes, grossiers et ignorants, s'est abstenu, tout d'abord et longtemps, de toute manifestation qui pût autoriser cet élan vraiment extraordinaire. Mais, pour s'assurer si la voix de Dieu ne se faisait pas entendre dans cette immense voix du peuple, et suivre, d'ailleurs, les règles que l'Eglise a dans sa prudence tracées pour l'appréciation des faits que ne peuvent expliquer les lois de la nature, le sage Prélat chargea une commission d'examiner l'affaire de la Salette. Cette commission, composée des deux vicaires généraux, des huit chanoines de la cathédrale, du supérieur du grand séminaire et des curés des cinq paroisses de Grenoble, réunissait les éléments de capacité et de garantie réclamés par l'œuvre importante qui lui était confiée. Deux de ses membres, M. Rousselot, chanoine et professeur de théologie, et M. Orcel, supérieur du grand séminaire, furent désignés pour recueillir les faits et les renseignements qui se rapportaient au drame de la célèbre montagne. Ils se sont transportés sur les lieux de l'*apparition*, accompagnés des deux bergers, de quelques curés des paroisses voisines et de plusieurs pèlerins qui se trouvaient sur leur passage.

Là, après avoir parcouru avec eux la voie qu'avait suivie la *belle Dame*, et étudié la topographie de l'endroit, ils ont interrogé Maximin et Mélanie, les deux témoins de l'apparition, dont les réponses ont été, de tout point et sans variation aucune, celles qu'ils avaient faites tout d'abord aux curés de Corps et de la Salette, au maire de cette dernière commune, et plus tard à des milliers de voyageurs remarquables, parmi lesquels nous signalerons Mgr Villecourt, évêque de la Rochelle, et M. Dumanoir, docteur en droit et juge suppléant au tribunal de Montélimar. Maximin et Mélanie ont été pris et questionnés à part, et malgré ces précautions et toute l'habileté apportée à leur interrogatoire, ils n'ont, ni pour le fond, ni pour la forme, varié dans leur récit. On a voulu cette fois, plus encore que jamais, surprendre l'important secret dont ils disent avoir reçu la confidence du personnage mystérieux, et les commissaires ont été moins étonnés de leur résistance à le révéler, que des réponses surprenantes sorties spontanément et sans hésitation de la bouche d'enfants qui, jusque-là et encore alors, n'avaient pas pu apprendre leur catéchisme, et qui, interrogés sur d'autres sujets, se montrent au-dessous des intelligences les plus communes. Une des raisons les plus frappantes de l'infériorité de leurs moyens, c'est qu'ils n'ont compris ni l'un ni l'autre l'importance que pouvait leur donner un événement dont l'opinion publique se préoccupait si fort, et qu'ils ne cherchaient pas à en tirer le moindre parti dans leur intérêt propre et dans celui de leurs familles.

MM. Rousselot et Orcel ont poussé plus loin leur enquête. Ils se sont assurés, par le témoignage unanime des gens du pays, d'un fait qui vient à l'appui de la déposition des bergers, pour confirmer à la fois l'apparition et la puissance du personnage qui est apparu. La fontaine auprès de laquelle s'est reposée la *belle Dame* ne coulait qu'à de longs intervalles comme les sources intermittentes, et après de grandes pluies ou la fonte des neiges; et, depuis cette époque, elle n'a jamais cessé de donner une eau claire et limpide, au grand étonnement des habitants de ces montagnes. Cette eau merveilleuse, les pèlerins la boivent avec confiance, et les malades des régions les plus éloignées la demandent, avec l'espoir qu'elle sera pour eux un remède salutaire. Il n'était bruit que des guérisons miraculeuses opérées par cette source jaillissant du rocher de l'apparition, et par l'invocation de Celle que les populations avaient, dans leur reconnaissance autant que dans leur enthousiasme, nommée *Notre-Dame de la Salette*. Les commissaires, pour compléter leur œuvre, devaient se rendre dans les pays et auprès des familles, où ces guérisons avaient eu lieu; ils ont, dans ce but, parcouru neuf diocèses; et, après des informations sérieuses et presque toujours prises sous les yeux des Evêques, ils ont constaté des miracles contre lesquels la science et l'incrédulité se débattraient en vain ; la science, d'ailleurs, les a sanctionnés de son témoignage ! D'autres contrées encore proclament aujourd'hui des guérisons attribuées à Notre-Dame de la Salette.

Après un mois de voyage, MM. Rousselot et Orcel sont revenus à Grenoble, au sein de la commission présidée par l'Evêque, rendant compte de leur enquête. Huit conférences successives ont été consacrées à son examen et à sa discussion. Dans la première, on a posé les principes qui doivent diriger dans l'adoption des faits miraculeux ; dans la seconde et dans la troisième, on a fait comparaître les deux pauvres bergers, pour les soumettre encore à un interrogatoire capable de déconcerter les plus déterminés menteurs; dans toutes, on a reproduit les objections que la bonne ou la mauvaise foi avaient pu faire ; quelques membres de la commission en ont soulevé d'autres, pour ne rien laisser d'obscur et d'incertain dans une apparition aussi importante. On a répondu aux unes et aux autres, de manière à dissiper les doutes et les préventions. Enfin, le résultat de ces conférences a été l'adoption de l'apparition miraculeuse de la Salette.

C'est le sujet même de ces conférences intéressantes que M. Rousselot vient de livrer à la publicité avec approbation de Monseigneur de Grenoble. Nous aurions donné à nos lecteurs des extraits de cet ouvrage dont nous avons apprécié la logique et la clarté, si tout n'était pas lié de manière à en rendre difficile l'isolement de quelques parties; nous les engageons à le lire en entier. Ceux qui sont avides d'émotions trouveront que sa lecture vaut bien celle d'un feuilleton-roman, et ceux qui y chercheront un aliment à leur foi, ne seront pas déçus de leurs espérances.

Mais nous entendons ici quelques *esprits forts* de la presse, disciples immobiles d'une philosophie qui se meurt, crier au scandale, parce que nous croyons encore aux miracles; nous les laisserons crier, et nous croirons *quand même*, parce que le bras de Celui qui les fait ne s'est pas raccourci. Et, il y a quelque consolation, quelque bonheur à croire quand le monde s'ébranle sur ses fondements, quand la terre est arrosée de sang et de larmes, et que la société ne compte plus sur la sagesse humaine pour la délivrer des doctrines sauvages qui l'ont envahie, et menacent, si rien ne les arrête, sa civilisation, ses arts et son existence.

Celle que l'Eglise a nommée le *secours des chrétiens*, la *consolatrice des affligés*, apparaît sur l'horizon de la patrie; le regard et le cœur se tournent vers elle, dans l'espérance qu'elle est comme toujours, une heureuse et puissante médiatrice entre le ciel et la terre. Il y a vingt ans qu'une croix miraculeuse se montra à l'ouest de la France, et sembla, en s'inclinant sur elle, lui annoncer les épreuves et les maux qu'elle a endurés depuis; n'est-ce pas leur fin prochaine, n'est-ce pas un temps meilleur que nous prédit l'étoile qui s'est levée sur les montagnes du matin? cette étoile n'a jamais été le signe des vengeances du ciel; elle a toujours été l'annonce de ses miséricordes. C'est peut-être là une illusion de notre espoir; mais cette illusion ne nous coûtera ni larmes, ni regret. Puissent toutes les illusions n'être pas plus dangereuses que celle-là!

L'*Ami de la Religion*, dans son numéro du 7 avril 1849, contient, outre un compte-rendu succinct de notre ouvrage, une longue lettre écrite par M. l'abbé *Dupanloup*, aujourd'hui Evêque d'Orléans, à l'un de ses amis de Grenoble, et dont la publication était vivement désirée. Avec la permission de l'illustre auteur, nous la reproduisons comme une des plus fortes pièces de conviction qui aient paru en faveur du Fait de la Salette.

Tout le monde conviendra que rien n'est plus décisif que le témoignage réfléchi d'un homme aussi grave, aussi éclairé, aussi connu dans le monde savant, et qui, après avoir rendu d'importants services à la Religion, méritait à tant de titres d'être placé sur l'un des premiers sièges de l'Eglise de France. Voici donc son compte-rendu sur notre Rapport et sa lettre sur la Salette, publiés dans l'*Ami de la Religion*, du 7 avril 1849 :

Monseigneur l'Evêque de Grenoble, le 15 juin dernier, a autorisé la publication de ce *Rapport*. Nous remarquons les paroles suivantes dans l'approbation du vénérable Prélat :

« Nous avons constamment partagé l'avis de la très-grande majorité de la commission, qui a successivement adopté tous les articles de ce Rapport.

« En conséquence, nous permettons à l'auteur de publier, par la voie de l'impression, son travail, avec l'introduction et les pièces justificatives.

» Ce rapport, vivement désiré et impatiemment attendu depuis longtemps, nous paraît propre à dissiper bien des préventions, à éclairer l'opinion publique, à opérer la conviction dans les esprits droits. *Ceux qui croient, ceux qui doutent, et ceux-là même qui ne croient pas*, ne le liront pas sans intérêt, et, nous l'espérons, sans quelque profit.

» Les personnes pieuses verront qu'elles ont pu admettre le fait sans mériter le reproche d'imprudence ou de faiblesse d'esprit. Celles qui ont cru devoir suspendre leur jugement seront sans doute frappées des preuves nombreuses qui entourent ce fait extraordinaire. »

Le Concile de Trente (sess. 25) a sagement défendu de proclamer aucun miracle qui ne soit avéré et authentique. Dans une matière aussi délicate, cette défense est d'une grande importance. Le faux ferait facilement douter du vrai. Mais après une approbation si formelle, donnée à la suite de l'examen le plus long et le plus sérieux, nous n'hésitons pas à recommander à nos abonnés la lecture de ce *Rapport* publié à Grenoble. La topographie des lieux, le caractère et le récit des deux petits bergers, les preuves de leur véracité, les conséquences extraordinaires du fait qu'ils racontent, la solution des difficultés qu'on leur oppose, les nombreux témoignages qui sont rendus en leur faveur, tout est traité dans ce rapport avec un ensemble, un ordre, une méthode, une clarté, dont les esprits les plus difficiles seront satisfaits.

Permettra-t-on à celui qui trace ces lignes de reproduire ici, à cette occasion, une lettre tout à fait inédite; car elle était confidentielle. Cette lettre, qui est du mois de juin dernier, résume les impressions que lui avaient laissées un assez long séjour à Corps et à la Salette, et un voyage au sommet de la montagne dite de *l'apparition*.

Le fait extraordinaire dont il est ici question a beaucoup occupé et occupe encore l'attention publique.

Les habitants de Corps et des environs furent les premiers pèlerins de la Salette. Mais bientôt ils ont été suivis par des milliers d'étrangers, qui, au premier bruit de l'apparition, se sont mis en route et ont voulu visiter la montagne.

Parmi eux se sont trouvés des gens graves, instruits, nullement portés à l'enthousiasme, armés même d'une sainte défiance et animés du seul désir de connaître la vérité.

Il y a eu des prêtres, des laïques, des avocats, des médecins, des hommes de haute condition. Ils ont interrogé, sondé les enfants, examiné les lieux, et généralement ils sont repartis convaincus.

L'affluence des pèlerins a été telle qu'en un seul jour, le 19 septembre 1847, on a évalué leur nombre à 60,000. Chaque dimanche, chaque jour on y trouve foule. L'auteur de la lettre qu'on va lire y a rencontré lui-même au moins 200 personnes dès cinq heures du matin, quand, au mois de juin dernier, il gravit aussi la montagne.

Tous ces faits préliminaires étant connus, on comprend ce qu'il y a d'excusable et même de chrétien dans la curiosité qui l'a porté à vouloir examiner les choses à leur propre source et par lui-même. Pressé d'ailleurs par des conseils respectables, il a donc fait aussi ce pèlerinage, visité les lieux, examiné les témoins, interrogé les enfants, et voici ses impressions prises en quelque sorte sur le fait et telles qu'il les a transmises alors à un de ses amis :

« Mon cher ami,

» Vous m'avez encouragé à visiter la montagne de la *Salette*, et j'en descends à cette heure même. J'espère que vous voudrez bien que je vous rende compte, en toute simplicité, de toutes les observations que j'y ai faites, de toutes les impressions que j'y ai reçues : il est juste que je partage tout cela avec vous.

» J'avais entrepris ce pèlerinage, je dois vous l'avouer, sans aucune prévention favorable. Je ne veux diminuer en rien le mérite des diverses relations qui ont été publiées à ce sujet et que j'avais lues avec soin ; mais le ton, l'enthousiasme, la vivacité de ces relations, m'avaient plutôt inspiré des préjugés contraires.

» J'ai passé près de trois jours, soit à Corps, soit à la Salette ; les impressions personnelles que j'y ai reçues ont été, je dois le dire encore, sans aucun charme, presque sans aucune émotion : me voici enfin de retour.

» J'en suis revenu comme j'y étais allé, sans attendrissement, je dirai presque, sans intérêt ; au moins sans cet intérêt qui naît de l'enthousiasme. Et cependant, plus je m'éloigne de ces lieux, plus je réfléchis à tout ce que j'y ai vu et entendu, plus la réflexion amène en moi une conviction qui me fait en quelque sorte violence. Je ne puis m'empêcher de me redire sans cesse : *il est bien difficile que le doigt de Dieu ne soit pas là.*

» Trois circonstances particulières me paraissent être ici des signes de la vérité : 1º le caractère soutenu des enfants ; 2º les nombreuses réponses, absolument au-dessus de leur âge et de leur portée, qu'ils ont faites spontanément dans les divers interrogatoires auxquels on les a soumis ; 3º la fidélité avec laquelle ils gardent le secret qu'ils prétendent leur avoir été confié.

1º *Le caractère soutenu des enfants.*

» J'ai vu ces deux enfants : le premier examen que j'en ai fait m'a été très-désagréable. Le petit garçon surtout m'a étrangement déplu. J'ai vu beaucoup d'enfants dans ma vie ; j'en ai vu peu ou point qui m'aient donné une aussi triste impression ; ses manières, ses gestes, son regard, tout son extérieur est repoussant, à mes yeux, du moins.

» Ce qui a peut-être ajouté à la mauvaise impression que j'en recevais, c'est qu'il ressemble singulièrement à un des enfants les plus désagréables, les plus méchants que j'aie jamais élevés.

» En disant ainsi l'impression fâcheuse que j'ai reçue de ce petit garçon, je ne prétends détruire en rien les impressions plus heureuses que sa vue a fait éprouver à d'autres. Je me borne simplement à dire ce que je suis sûr d'avoir éprouvé moi-même. Il faut avouer que si mon témoignage finit par être favorable à ces enfants, ce ne sera pas du moins un témoignage suspect; je n'aurai certainement pas été séduit par eux. La grossièreté de Maximin est peu commune, son agitation surtout est vraiment extraordinaire : c'est une nature singulière, bizarre, mobile, légère; mais d'une légèreté si grossière, d'une mobilité quelquefois si violente, d'une bizarrerie si insupportable, que le premier jour où je le vis, j'en fus non-seulement attristé, mais découragé. « A quoi bon, me disais-je, faire le voyage pour voir un pareil enfant? Quelle sottise j'ai faite! » J'avais toutes les peines du monde à empêcher les soupçons les plus graves de s'emparer de mon esprit.

» Quant à la petite fille, elle me sembla aussi fort désagréable à sa façon. Sa façon, je dois le dire, est cependant meilleure que celle du petit garçon. Les dix-huit mois qu'elle a passés chez les religieuses de Corps l'ont, à ce qu'on dit, un peu façonnée. Malgré cela, elle m'a paru encore un être boudeur, maussade, stupidement silencieux, ne disant guère que des *oui* ou des *non*, quand elle répond. Si elle dit quelque chose de plus, il y a toujours une certaine roideur dans ses réponses et une timidité de mauvaise humeur qui est loin de mettre à l'aise avec elle.

» Du reste, après avoir vu ces deux enfants, chacun d'eux plusieurs fois, je ne leur ai jamais trouvé aucun des charmes de leur âge : ils n'ont, ou du moins ils ne paraissent avoir rien de cette piété, de cette candeur de l'enfance qui touche, qui attire, qui inspire la confiance.

» J'ai vu le petit garçon surtout, fort longtemps de suite, particulièrement le jour où je suis monté à la Salette. Nous avons ce jour-là passé à peu près ensemble quatorze heures ; il est venu me chercher à mon auberge à cinq heures du matin ; il m'a accompagné à la montagne de l'*Apparition* et nous ne nous sommes séparés qu'à sept heures du soir. Certes, j'ai eu le temps de le voir de près, de l'étudier avec soin, de l'observer sévèrement, de le retourner de toutes les façons : je ne m'y suis pas épargné. Il n'a pas cessé un moment, je dois le dire, d'être pour moi l'objet des observations les plus attentives, en même temps que de la plus profonde défiance. Il n'a pas cessé un moment de me déplaire, et ce n'est que l'après-midi, assez tard, que, peu à peu, comme malgré moi, la réflexion favorable prenait le dessus et l'emportait sur la mauvaise impression. Presque à mon insu et contre toutes mes prévisions, en regardant et en écoutant tout ce que je voyais et entendais, je fus amené à me dire : « Malgré ces enfants et ce qu'ils ont de désagréable, tout ce qu'ils disent, tout ce que je vois, tout ce que j'entends, n'est explicable que par la vérité de leur récit. »

» Dès Grenoble, on m'avait prévenu contre l'espèce de narration que ces enfants me feraient de ce qui leur était arrivé et de ce qu'ils avaient vu sur la montagne. On m'avait dit qu'ils récitaient tout cela comme une leçon. On ajoutait, il est vrai, avec assez de raison, qu'il fallait bien un peu les excuser à cet égard : que depuis dix-huit mois, ils avaient fait ce récit tant de milliers de fois, qu'on ne devait pas s'étonner qu'il fût devenu pour eux une routine. J'étais assez disposé à l'indulgence à cet égard, pourvu que la routine et la récitation n'allassent pas jusqu'au ridicule ; mais il en arriva tout autrement. Bien que ces enfants me déplussent extrêmement avant ce récit, et aient continué de me déplaire après, je dois avouer que, tout en le récitant, ils le firent l'un et l'autre avec une simplicité, une gravité, un sérieux, un certain respect religieux, dont le contraste avec le ton toujours vulgaire et habituellement grossier du petit garçon, avec le ton habituellement maussade de la petite fille, me frappa très-particulièrement.

» Je dois ajouter dès à présent que cet étonnement se renouvela pour moi pendant ces deux jours, presque constamment, surtout avec le petit garçon qui passa, comme je l'ai déjà dit, un jour tout entier avec moi. Je le mis alors parfaitement à son aise; je lui laissai prendre toutes ses libertés; tous ses défauts, toutes ses grossièretés m'apparurent ainsi sous toutes les formes.

» Et cependant, toutes les fois que ce grossier enfant était ramené, même de la manière la plus inattendue, à parler du grand événement, il se faisait en lui un changement étrange, profond, subit, instantané, et il en est de même de la petite fille. Le petit garçon conserve ces yeux, cet extérieur si désagréables; mais ce qu'il y a d'excessif dans sa grossièreté est tout à fait dompté. Ils deviennent même tout à coup si graves, si sérieux; ils prennent comme involontairement quelque chose de si singulièrement simple et ingénu, quelque chose même de si respectueux pour eux-mêmes en même temps que pour ce qu'ils disent, qu'ils inspirent aussi à ceux qui les écoutent et leur imposent une sorte de crainte religieuse pour les choses dont ils parlent, et une sorte de respect pour leurs personnes. J'ai éprouvé très-constamment, et quelquefois très-vivement ces impressions, sans cesser toutefois un moment de les trouver des enfants très-désagréables.

» Je place ici une observation qui se rapporte à ce que je viens de remarquer; lorsqu'ils parlent du grand événement dont ils se prétendent les témoins, ou bien qu'ils répondent aux questions qu'on leur adresse à cette occasion, ce respect singulier pour ce qu'ils disent va si loin, que quand il leur arrive de faire quelqu'une de ces réponses véritablement étonnantes, parfaitement inattendues, qui confondent les interrogateurs, coupent court à toutes les questions indiscrètes, résolvent simplement, profondément, absolument, les plus graves difficultés, ils n'en triomphent en rien. On est quelquefois stupéfait; pour eux, ils demeurent impassibles. Le plus léger sourire ne vient pas seulement errer sur leurs lèvres.

» Du reste, ils ne répondent jamais aux questions qu'on leur adresse que de la manière la plus simple et la plus brève. La simplicité est quelquefois rustique, mais la justesse et la précision sont toujours extraordinaires. Dès qu'il s'agit du grand événement, ils ne paraissent plus avoir aucun des défauts ordinaires de leur âge : surtout ils ne sont en rien conteurs et bavards. Maximin cause beaucoup, d'ailleurs; quand il est à l'aise, c'est un véritable petit babillard. Pendant les quatorze heures que nous avons passées ensemble, il m'a donné de ce défaut toutes les preuves possibles; il m'a parlé de toutes choses avec une grande abondance de paroles, m'interrogeant sans aucune retenue, me disant le premier son avis, contredisant le mien. Mais sur l'événement qu'il raconte, sur ses impressions, sur ses craintes ou ses espérances pour l'avenir, sur tout ce qui se rattache à l'apparition, ce n'est plus le même enfant. Sur ce point, il ne prend jamais l'initiative, il n'a jamais une inconvenance.

» Il ne donne jamais un détail au delà de ce qu'on lui demande précisément. Quand il a dit le fait qu'il est chargé de dire, quand il a répondu à la question qu'on lui adresse, il se tait. On est avide, on voudrait qu'il parlât toujours, qu'il ajoutât des détails, qu'il racontât ce qu'il a éprouvé et ce qu'il éprouve encore; mais non, il n'ajoute pas un mot à la réponse nécessaire. Puis bientôt il reprend le fil interrompu de sa conversation, parle fort abondamment d'autre chose, s'il y a lieu, ou s'en va.

» Le fait certain est qu'ils n'ont ni l'un ni l'autre absolument aucune envie de causer de l'événement qui les rend cependant si célèbres.

» D'après tous les renseignements que j'ai recueillis sur les lieux, ils n'en causent jamais inutilement avec personne, ni avec leurs petits camarades, ni avec les religieuses qui les élèvent, ni avec les étrangers. Quand on les interroge, ils répondent: ils disent le fait simplement, si c'est le fait qu'on leur demande; donnent simplement la solution, si c'est une difficulté qu'on leur propose; n'ajoutent rien à ce qui est nécessaire et ne retranchent rien non plus. Ils ne refusent, du reste, jamais de répondre aux questions qu'on leur adresse; mais on ne peut venir à bout de les faire parler au delà d'une certaine mesure. Vous aurez beau multiplier les questions indiscrètes, leur réponse ne l'est jamais. La discrétion, la plus difficile de toutes les vertus leur est naturelle (sur ce point seulement) à un degré inouï. On a beau les presser; on sent en eux quelque chose d'invincible, dont ils ne se rendent pas compte à eux-mêmes, qui repousse tous les efforts, et qui se joue involontairement et inébranlablement de toutes les tentations les plus vives et les plus fortes.

» Quiconque connaît les enfants, ces natures légères, mobiles, vaines, causeuses, indiscrètes, curieuses, et fera les mêmes expériences que moi, partagera la stupéfaction que j'ai éprouvée et se demandera s'il est vaincu par ces deux enfants, ou par une force supérieure et divine.

» Je n'ajouterai pas que depuis deux ans, ces deux enfants et leurs pauvres familles sont demeurés aussi pauvres qu'auparavant. C'est un fait que j'ai vérifié suffisamment pour moi, et qu'il est facile de constater avec la plus parfaite certitude.

» Ce que je dirai, pour l'avoir observé, c'est que les enfants et le petit Maximin en particulier, que j'ai vu de beaucoup plus près et beaucoup plus longuement, m'ont paru avoir gardé une simplicité et, je dirai le mot, une humilité si absolue, malgré l'honneur qu'ils ont reçu et l'illustration dont cet honneur les environne, que cette simplicité et cette humilité ne paraissent pas même des vertus à un degré quelconque en eux : ils sont comme cela et ont l'air de ne pouvoir en aucune manière être autrement; et ils le sont avec une naïveté passive qui stupéfait, quand on y regarde de près et qu'on y réfléchit.

» Le fait est qu'ils ne comprennent même pas l'honneur qu'ils ont reçu, et semblent n'avoir aucune idée de la célébrité qui s'attache désormais à leurs noms. Ils ont vu des milliers de pèlerins, 60,000 en un jour, venir à leur voix sur la montagne de la Salette. Ils n'en ont été ni plus fiers, ni plus recherchés dans leurs paroles ou leurs façons. Ils regardent tout cela sans un étonnement, sans une pensée, sans un retour sur eux-mêmes. Et au fait, si ce qu'ils racontent est vrai, ils entendent leur rôle comme la sainte Vierge l'a entendu elle-même. Elle n'a pas prétendu leur faire un honneur, elle a prétendu se choisir des témoins qui fussent au-dessus de tout soupçon par *une simplicité* si profonde, si absolue, si extraordinaire, que rien n'y fût comparable et que naturellement on ne sût ni l'expliquer, ni la comprendre; et elle y a réussi.

» Tel est le premier trait de vérité que j'ai remarqué en ces enfants.

2° Je trouve le second *dans les nombreuses réponses, absolument au-dessus de leur âge et de leur portée, qu'ils ont faites spontanément dans les divers interrogatoires auxquels on les a soumis.*

« Car il faut remarquer que jamais accusés n'ont été, en justice, poursuivis de questions sur un crime comme ces deux pauvres petits paysans le sont depuis deux ans sur la vision qu'ils racontent. A des difficultés souvent préparées d'avance, quelquefois longuement et insidieusement méditées, ils ont toujours opposé des réponses promptes, brèves, claires, précises, péremptoires. On sent qu'ils seraient radicalement incapables de tant de présence d'esprit, si tout cela n'était la vérité. On les a vu conduire, comme on conduirait des malfaiteurs, sur le lieu même, ou de leur révélation ou de leur imposture; ni les personnages les plus graves et les plus distingués ne les déconcertent, ni les menaces et les injures ne les effraient, ni les caresses et la douceur ne les font fléchir, ni les plus longs interrogatoires ne les fatiguent, ni la fréquente répétition de toutes ces épreuves ne les trouve en contradiction, soit chacun avec lui-même, soit l'un avec l'autre. On ne peut moins avoir l'air de complices; et le fussent-ils, il leur faudrait un génie sans exemple, pour être ainsi constamment conformes à eux-mêmes, depuis deux ans passés que dure et se continue sans interruption cette étrange et rigoureuse information. Ce qui ne les empêche pas de mêler à tout cela les contrastes les plus bizarres, tantôt la grossièreté de leur éducation, quelquefois l'impatience et une certaine mauvaise humeur, tantôt la douceur, le calme, un sang-froid imperturbable, tantôt, ou plutôt toujours, une discrétion, une réserve, impénétrables à tous, parents, compagnons, connaissances, à l'univers entier.

» Voici, du reste, des questions et des réponses que j'emprunte tout à la fois à mes souvenirs personnels, à des procès-verbaux en bonne et due forme, déposés à l'évêché de Grenoble, et dont je vous garantis l'authenticité.

— *D.* à Mélanie. La *Dame* t'a donné un secret et t'a défendu de le dire. A la bonne heure ; mais dis-moi au moins si ce secret te regarde, ou s'il regarde un autre ?

— *Mélanie.* Qui que ce soit que cela regarde, elle nous a défendu de le dire.

— *D.* Ton secret, c'est quelque chose que tu auras à faire ?

— *Mélanie.* Que ce soit une chose que j'aie à faire, ou non, cela ne regarde personne ; elle nous a défendu de le dire.

— *M. l'abbé Chambon*, supérieur du petit séminaire de Grenoble : Dieu a révélé ton secret à une sainte religieuse ; mais j'aime mieux le savoir par toi et m'assurer ainsi que tu ne mens point.

— *Mélanie.* Puisque cette religieuse le sait, elle peut vous le dire ; moi, je ne le dirai pas.

— *D.* Tu dois dire ton secret à ton confesseur, pour lequel il ne faut rien avoir de caché ?

— *Maximin.* Mon secret n'est pas un péché ; en confession, on n'est obligé de dire que les péchés.

— *D.* S'il fallait dire ton secret ou mourir ?

— *Maximin* (avec fermeté). Je mourrai....., je ne le dirai pas.

— *D.* Si le Pape te demandait ton secret, tu serais bien obligé de le lui dire ; car le Pape est bien plus que la sainte Vierge ?

— *Maximin.* Le Pape, plus que la sainte Vierge !....

Si le Pape fait bien son devoir, il sera saint, mais il sera toujours moins que la sainte Vierge.

— *D.* Mais c'est peut-être le démon qui t'a confié ton secret?

— *Maximin* (seul). Non, car le démon n'a point de Christ, et le démon ne défendrait pas le blasphème.

— *Mélanie* (seule, à la même question). Le démon peut bien parler, mais je ne crois pas que ce soit lui qui puisse dire des secrets comme ça. Il ne défendrait pas de jurer, il ne porterait pas de croix et ne dirait pas d'aller à la messe.

— *M. Gerente*, aumônier des sœurs de la Providence de Corenc, près Grenoble, à Maximin: Je ne veux pas te demander ton secret. Mais ce secret regarde sans doute la gloire de Dieu et le salut des âmes. Il faudrait qu'il fût connu après ta mort. Voici donc ce que je te conseille: Ecris ton secret dans une lettre que tu cachetteras; tu la feras remettre dans le bureau de l'évêché. Après la mort de Monseigneur et la tienne, on lira cette lettre, et tu auras gardé ton secret.

— *Maximin.* Mais quelqu'un pourrait être tenté de décacheter ma lettre.... Et puis je ne connais pas ceux qui vont à ce bureau. (Puis, en mettant la main sur sa bouche et ensuite sur son cœur): mon meilleur bureau, dit-il, avec un geste expressif, est là!

Un autre ecclésiastique dit à Maximin:

» Tu as envie d'être prêtre; eh bien! dis-moi ton secret, je me charge de toi; j'écrirai à Monseigneur, qui te fera étudier pour rien.

— *Maximin.* Si pour être prêtre il faut dire mon secret, je ne le serai jamais.

— *M. l'abbé Lagier*, curé, originaire de Corps, demandait à Mélanie: Tu ne comprenais pas le français, tu n'allais pas à l'école; comment as-tu pu te rappeler ce que la *Dame* te disait? Elle te l'a dit plusieurs fois?

— *Mélanie.* Oh! non; elle ne me l'a dit qu'une fois, et je me le suis bien rappelé. Et puis, quand même je ne comprenais pas bien, en disant ce qu'elle m'avait dit, ceux qui comprenaient le français le comprenaient; quand même je ne le comprenais pas, cela suffisait.

— *D.* La *Dame* t'a trompé, Maximin; elle t'a prédit une famine, et cependant la récolte est bonne partout?

— *Maximin.* Qu'est-ce que cela me fait? elle me l'a dit, cela la regarde.

A cette question, les enfants ont répondu d'autres fois:

Mais si on a fait pénitence.....

— *D.* La *Dame* que vous avez vue, est en prison à Grenoble.

— *Maximin.* Bien fin qui la prendra!

— *D.* La *Dame* que tu as vue n'était qu'un nuage lumineux et brillant.

— *Maximin.* Mais un nuage ne parle pas.

— *Un Prêtre.* Tu es un petit menteur : je ne te crois pas.

— *Maximin.* Qu'est-ce que cela me fait? Je suis chargé de vous le dire, pas de vous le faire croire.

— *Un autre Prêtre.* Vois-tu, je ne te crois pas, tu es un menteur.

— *Maximin* (avec vivacité). Alors, pourquoi venir de si loin pour m'interroger?

— *Un Curé* de la Vallouise, dans le diocèse de Gap : La *Dame* a disparu dans un nuage?

— *Mélanie.* Il n'y avait point de nuage.

— *Le Curé* insiste : Mais il est facile de s'envelopper d'un nuage et de disparaître.

— *Mélanie* (avec vivacité) : Monsieur, enveloppez-vous d'un nuage et disparaissez.

— *L'abbé Albertin*, professeur au grand séminaire

de Grenoble : Ne t'ennuies-tu pas, mon petit, d'avoir à répéter tous les jours la même chose?

— *Maximin.* Et vous, Monsieur, vous ennuyez-vous de dire tous les jours la messe?

M. l'abbé Repellin, professeur au petit séminaire d'Embrun; M. Bellier, missionnaire de Valence, et d'autres personnages recommandables, attestent avoir obtenu des réponses encore plus étonnantes.

» L'abbé Repellin écrivait, le 19 novembre 1847 : Je demandais à la petite si la personne merveilleuse qu'elle avait vue ne pouvait pas être un mauvais esprit qui voudrait semer le désordre dans l'Eglise. Elle me répondit comme elle avait répondu à d'autres : — Mais, Monsieur, le démon ne porte pas une croix. — Je poursuivis : mais, mon enfant, le démon a porté Notre-Seigneur sur le temple, sur la montagne, il pourrait bien porter sa croix. — Non, Monsieur, dit-elle avec une certaine assurance; non, le bon Dieu ne laisserait pas porter sa croix comme ça. *C'est sur la croix qu'il est mort.* — Mais il s'est laissé porter lui-même. — *Mais c'est par la croix qu'il a sauvé le monde.* L'assurance de cette enfant, la profondeur de cette réponse, dont elle ne sentait peut-être pas la beauté, me fermèrent la bouche. Dans une autre circonstance, elle s'expliqua plus catégoriquement. On lui disait que le démon avait porté Notre-Seigneur *lui-même, en personne.* Oui, dit-elle, MAIS IL N'ÉTAIT PAS ENCORE GLORIFIÉ.

» Votre Ange gardien sait-il votre secret, Mélanie? — Oui, Monsieur. — Il y a donc quelqu'un qui le sait? — Mais mon Ange gardien n'est pas du *peuple.*

» Un de mes amis, deux jours avant que je fisse le voyage de la Salette, dit à Maximin : *Nous devons tous obéissance au Pape. Eh bien! si le Pape te disait : mon enfant, tu ne dois rien croire de tout cela : que lui dirais-tu ?* L'enfant répondit avec la plus grande douceur et le plus grand respect : *Je lui dirais qu'il verra.*

» Voilà, mon cher ami, quelques-unes des innombrables réponses de ces enfants. Je ne sais si vous les jugerez comme moi; mais elles sont assurément, c'est le moins qu'on en puisse penser, fort étonnantes. Et cet étonnement s'augmentera encore des dernières observations que j'ai faites sur ces enfants, et que je vais vous raconter en finissant.

3° *Voici le troisième trait de vérité que j'ai remarqué en ces enfants.*

» On sait qu'ils se prétendent chacun possesseur d'un secret que l'autre ignore, et qu'ils ne doivent ni ne veulent dire à personne.

» Je n'ai pu m'empêcher de voir, dans leur fidélité à garder ce secret, un signe caractéristique de leur véracité.

» Ils sont deux, ayant chacun un secret et cela depuis bientôt deux ans. Ayant chacun le leur, jamais l'un ne s'est vanté de savoir celui de l'autre. Leurs parents, leurs maîtres, leurs curés, leurs camarades, des milliers de pèlerins les ont interrogés sur ce secret, leur en ont demandé une révélation quelconque; on a fait à cet égard des efforts inouïs : ni l'amitié, ni l'intérêt, ni les promesses, ni les menaces, ni l'autorité civile, ni l'autorité ecclésiastique, rien n'a pu les entamer à cet égard à un degré quelconque; et, aujourd'hui encore, après deux années de tentatives constantes, on n'en sait rien, absolument rien.

Moi-même j'ai fait les plus grands efforts pour pénétrer ce secret. Quelques circonstances singulières m'ont aidé à pousser mes efforts plus loin que d'autres; même j'ai cru un moment réussir; voici comment :

» J'avais emmené, comme je l'ai dit, le petit Maximin à la montagne avec moi. Malgré les répugnances que ce petit garçon m'inspirait, j'avais cherché néanmoins à être bon et aimable pour lui, et je lui faisais toutes les avances possibles pour tâcher d'ouvrir et de gagner son cœur. Je n'y avais pas trop réussi. Mais en arrivant au sommet de la montagne, quelqu'un qui se trouvait là lui donna deux images; une entre autres représentant les combats du 24 février, dans les rues de Paris. Au milieu des combattants, on voyait un prêtre qui soignait les blessés. Le petit garçon s'imagina trouver quelque ressemblance entre cet ecclésiastique et moi; et, bien que je lui eusse dit qu'il se trompait complétement, il demeura persuadé que c'était moi et à dater de ce moment, il me témoigna la plus vive et la plus rustique amitié. Dès lors, il parut tout à fait à son aise et en grande familiarité. J'en profitai avec empressement, et nous devînmes les meilleurs amis du monde, sans qu'il cessât toutefois, je dois l'avouer, de m'être parfaitement désagréable. Dès lors il se pendit à mon bras et ne le quitta plus de toute la journée. Nous descendîmes ainsi la montagne ensemble. Je le fis déjeûner, dîner avec moi. Il se mit à causer de toutes choses avec le plus grand abandon, de la République, des arbres de la liberté, etc., etc. Quand je ramenais la conversation sur ce qui m'intéressait uniquement, il me répondait, comme je l'ai dit, brièvement, simplement; tout ce qui avait trait à l'apparition de la sainte Vierge était toujours comme quelque chose à part dans notre conversation. Il s'arrêtait tout court, dans le plus grand entraînement de son bavardage. Le fond, la forme, le ton, la voix, la précision de ce qu'il me disait alors, tout devenait soudain singulièrement grave et religieux. Puis il passait bientôt, sur un autre sujet, à tout l'abandon de la conversation la plus familière et la plus vive.

» Alors je recommençais mes efforts et mes insinuations les plus habiles pour profiter de cet abandon et de cette ouverture, et le faire parler sur ce qui m'intéressait, et en particulier sur son secret, sans qu'il s'en aperçût et sans qu'il le voulût. Je tenais absolument à voir clair dans cette âme, à la saisir en défaut et à tirer, bon gré mal gré, la vérité du fond de ce cœur. Mais je dois le confesser, tous mes efforts, depuis le matin, avaient été parfaitement inutiles : au moment où je croyais atteindre mon but et obtenir quelque chose, toutes mes espérances s'évanouissaient; tout ce que je m'imaginais tenir m'échappait tout à coup, et une réponse de l'enfant me replongeait dans toutes mes incertitudes. Cette réserve absolue me parut si extraordinaire dans un enfant, je dirai même en un être humain quelconque, que sans lui faire une violence à laquelle ma propre conscience aurait répugné, je voulus aller aussi loin que possible, et tenter les derniers efforts pour le vaincre en quelque chose et surprendre enfin son secret. Ce singulier secret me tenait par-dessus tout à cœur. Pour l'entamer sur ce point, je n'épargnai aucune séduction dans la mesure qui me parut tolérable.

» Après bien des essais et des efforts absolument inutiles, une circonstance bien futile en apparence m'offrit une occasion que je crus un moment favorable.

» J'avais avec moi un sac de voyage dont le cadenas se fermait et s'ouvrait à l'aide d'un *secret*, qui dispense de se servir d'une clef. Comme ce petit garçon est très-curieux, touche à tout, regarde tout, et toujours de la manière la plus indiscrète, il ne manqua pas de regarder mon sac de voyage, et me le voyant ouvrir sans clef, il me demanda comment je faisais. Je lui répondis que c'était un *secret*. Il me demanda très-vivement de le lui montrer. Le mot de *secret* réveilla dans mon esprit l'idée du sien. Je profitai de la circonstance et lui dis : mon enfant, c'est mon secret, *vous n'avez pas voulu me dire le vôtre, je ne vous dirai pas le mien.* Ceci fut dit moitié sérieux, moitié plaisant.

Ce n'est pas la même chose, me répondit-il sur le champ. *Et pourquoi, lui dis-je ? — Parce qu'on m'a défendu de dire mon secret: on ne vous a pas défendu de dire le vôtre.* — La réponse était péremptoire. Je ne me tins pas pour battu; et sans avoir l'air de l'avoir bien compris, je lui dis du même ton : *Puisque vous n'avez pas voulu me dire le vôtre, je ne vous dirai pas le mien.* Il insista. J'excitai moi-même ses instances et sa curiosité. J'ouvrais, je fermais mystérieusement mon cadenas sans qu'il pût comprendre mon *secret.* J'eus l'indignité de le tenir ainsi ardent, passionné, suspendu pendant plusieurs heures; dix fois pendant ce temps, le petit garçon revenait violemment à la charge. *Je le veux bien,* lui disais-je, *mais dites-moi aussi votre secret.*

» A ces paroles tentatrices, l'enfant religieux reparaissait aussitôt, et toute sa curiosité semblait s'évanouir. Puis, quelque-temps après, il me pressait encore. Je faisais même réponse et je trouvais toujours même résistance. Le voyant immuable, je lui dis enfin : *Mais au moins mon enfant, puisque vous voulez que je vous dise mon secret, dites-moi quelque chose du vôtre. Je ne vous demande pas de me le dire tout à fait; mais dites-moi, au moins, ce que vous pouvez en dire. Dites-moi, au moins, si c'est une chose heureuse ou malheureuse? Ce ne sera pas me dire votre secret.*

» *Je ne puis pas*, fut sa seule réponse. Seulement, comme nous étions en amitié, je remarquai qu'il y avait une expression de regret dans son refus et dans sa parole.

» Je cédai enfin et lui montrai le secret de mon cadenas. Il fut enchanté, il sauta de joie, il ouvrit, ferma plusieurs fois le sac de voyage. Je lui dis : *Vous voyez, moi, je vous ai dit mon secret et vous ne m'avez point dit le vôtre.* Il parut affligé de cette nouvelle insistance et de cette sorte de reproche. Je crus devoir n'y plus revenir. Et je demeurai convaincu, comme le sera quiconque connaît l'indiscrétion humaine, et en particulier l'indiscrétion des enfants, que ce petit garçon venait de subir victorieusement une des tentatives, une des violences morales les plus fortes qui se puissent imaginer.

» Bientôt, cependant, je pris de nouveau la chose sur un ton plus sérieux encore, et je lui fis subir un nouvel assaut. Voici quelle en fut l'occasion.

» Je lui avais donné quelques images achetées au sommet de la montagne. Il n'avait qu'un très-mauvais chapeau de paille. Je lui en achetai un autre, en rentrant dans le bourg de Corps. Puis, je lui offris de lui donner ce qu'il voudrait encore. Il me demanda une blouse. Je lui dis d'en aller acheter une. Elle coûtait 58 sous que je payai. Il alla montrer les images, la blouse et le chapeau à son père, et revint me dire que son père était bien content. Il m'avait déjà parlé avec une certaine affection des malheurs et des chagrins de son père; je profitai encore de l'occasion de la mort récente de sa mère, et tout en me reprochant un peu, intérieurement, les tentations que je faisais subir à cet enfant, je lui dis : *Mais, mon enfant, si vous vouliez dire de votre secret ce que vous pouvez en dire, on pourrait faire beaucoup de bien à votre père.* J'allai plus loin, je lui dis : *Moi-même, mon cher enfant, je pourrais lui procurer bien des choses, et faire qu'il soit avec vous, chez lui, bien tranquille et bien heureux, sans manquer de rien. Pourquoi vous obstinez-vous ainsi à refuser de dire de votre secret ce que vous pouvez en dire, quand cela pourrait être si avantageux à votre père et le tirer de peine.*

» Certes, la tentation était vive. L'enfant était en pleine confiance. Il ne pouvait douter de ma sincérité, et dans le vrai, j'étais disposé à faire tout ce que je lui disais. Il le voyait; c'était manifeste. Il me répondit d'un ton plus bas : *Non, Monsieur, je ne puis pas.*

» Il faut avouer que s'il avait fait une première fable, il ne lui était pas difficile de m'en faire une seconde, et de me dire encore un secret quelconque, analogue à son grand récit, et dont la confidence aurait eu immédiatement pour lui de si grands avantages.

» Il préféra me faire la réponse que j'ai rapportée, ou plutôt, sans rien préférer, il me fit cette réponse spontanément, simplement.

» Je ne me regardai pas comme entièrement battu, et je poussai la tentation encore plus loin, trop loin peut-être, mais certainement jusqu'aux dernières bornes; vous allez en juger et me blâmer peut-être.

» Une circonstance particulière faisait que j'avais sur moi une assez grande somme en or. Tandis qu'il rôdait autour de moi, dans la chambre de mon auberge, regardant tous mes effets, fouillant partout en véritable gamin, ma bourse et cet or se rencontrèrent sous ses yeux. Il s'en saisit avec empressement, le déroula sur la table et se mit à le compter, en fit plusieurs petits paquets; puis, après les avoir faits, il s'amusa à les défaire et à les refaire. Quand je le vis bien enchanté, bien ravi par la vue et le maniement de cet or, je pensai que le moment était venu pour éprouver et connaître avec certitude sa sincérité. Je lui dis avec amitié : *Eh bien! mon enfant, si vous me disiez de votre secret ce que vous pouvez m'en dire*, je pourrais vous donner tout cet or pour vous et pour votre père. Je vous donnerai tout, et tout de suite, *et n'ayez pas d'inquiétude, car j'ai d'autre argent pour continuer mon voyage.*

» Je vis alors un phénomène moral assurément très-singulier, et j'en suis encore saisi en vous le racontant. L'enfant était tout entier absorbé par cet or; il jouissait de le voir, de le toucher, de le compter. Tout à coup, à mes paroles il devient triste, s'éloigne brusquement de la table et de la tentation et me dit : *Monsieur, je ne puis pas.* J'insistai : *Et cependant il y aurait là de quoi faire votre bonheur et celui de votre père.* Il me répondit encore une fois : *Je ne puis pas*, et d'une manière et d'un ton si ferme, quoique très-simple, que je me sentis vaincu. Cependant, pour n'en avoir pas l'air, j'ajoutai d'un ton qui voulait affecter le mécontentement, le mépris, l'ironie : *Mais peut-être que vous ne voulez pas me dire votre secret parce que vous n'en avez pas : c'est une plaisanterie.* — Il ne parut pas offensé de ces paroles et me répondit vivement : *Oh! si j'en ai un, mais je ne puis pas le dire.* — *Qui vous l'a défendu ?* — *La sainte Vierge.*

» Je cessai dès lors une lutte inutile. Je sentis que la dignité de l'enfant était plus grande que la mienne. Je posai avec amitié et respect ma main sur sa tête ; je traçai une croix sur son front et je lui dis : *Adieu, mon cher enfant ; j'espère que la sainte Vierge excuse toutes les instances que je vous ai faites. Soyez toute votre vie fidèle à la grâce que vous avez reçue.* Et après quelques moments, nous nous quittâmes pour ne plus nous revoir.

» A des interrogations, à des offres du même genre, la petite fille m'avait répondu : *Oh! nous avons assez; il n'y a pas besoin d'être si riches.*

» Tel est le troisième signe de vérité que j'ai remarqué en ces enfants. Maintenant, que penser de tout cela ? Est-ce vérité, erreur ou imposture ?

» Tout cela ne peut s'expliquer raisonnablement que par une des quatre suppositions suivantes :

» Il faut 1° ou admettre la vérité surnaturelle de l'apparition, du récit et du secret des enfants. Mais c'est fort grave et d'une grande conséquence. S'il y a là une fourberie et qu'elle se découvre un jour, par ces enfants ou par d'autres, la sincérité trompée de tant de cœurs religieux, n'aura-t-elle pas à en souffrir ?

» 2° Ou dire qu'ils ont été trompés, et qu'ils sont encore le jouet d'une hallucination. Mais quiconque a fait le voyage de la Salette et tout examiné, n'hésitera pas à affirmer que cette supposition est absolument ridicule et inadmissible ;

» 3° Ou bien que les enfants sont les inventeurs de cette fable, qu'ils l'ont imaginée à eux seuls, et qu'à eux seuls ils la soutiennent envers et contre tous, depuis deux années, sans se contredire ni se démentir jamais. Pour ma part, il m'est absolument impossible d'admettre cette troisième supposition. La fable me paraîtrait ici plus étonnante que la vérité ;

» 4° Ou bien enfin qu'il y a eu un inventeur, un imposteur caché derrière les enfants, et qu'ils se sont prêtés à jouer le rôle qu'il leur a préparé dans son imposture, et qu'il leur apprend chaque jour à jouer de nouveau. Sans aller au fond des choses, comme l'a fait M. Rousselot, je me bornerai à répondre que tout ce qui précède répugne à cette supposition. L'inventeur me paraîtrait tout à la fois bien mal habile de choisir pour acteurs et témoins d'une imposture aussi extraordinaire des êtres pareils, et bien habile de leur faire jouer un rôle semblable pendant deux années, devant deux ou trois cent mille spectateurs successifs, observateurs, investigateurs, interrogateurs de toute espèce, sans que ces deux enfants se soient jamais trahis en rien, une fois ou l'autre ; sans que personne ait découvert cet imposteur derrière la scène ; sans qu'une seule indiscrétion des enfants l'ait fait soupçonner ; sans qu'il en ait apparu un seul indice jusqu'à ce jour.

» Reste donc la première supposition, c'est-à-dire,

la vérité surnaturelle qui se trouve d'ailleurs très-fortement confirmée :

» 1° Par le caractère soutenu des enfants ;

» 2° Par les réponses absolument au-dessus de leur âge et de leur portée qu'ils ont faites dans les divers interrogatoires auxquels on les a soumis ;

» 3° Par la fidélité extraordinaire avec laquelle ils gardent le secret qu'ils prétendent leur avoir été confié.

» Si j'étais obligé de me prononcer et de dire *oui* ou *non* sur cette révélation, et que je dusse être jugé à ce sujet sur la sincérité rigoureuse de ma conscience, je dirais *oui* plutôt que *non*. La prudence humaine et chrétienne me ferait dire *oui* plutôt que *non*, et je ne croirais pas avoir à craindre d'être condamné au jugement de Dieu comme coupable d'imprudence et de légèreté.

» Tout à vous.

» DUPANLOUP.

» Gap, ce 11 juin 1848. »

§ 2.

Adhésions à notre Rapport.

Nous plaçons en première ligne la lettre dont a daigné nous honorer Sa Sainteté Pie IX, un mois après que nous eûmes déposé à ses pieds l'hommage d'un exemplaire de notre Rapport, avec l'expression de notre profond, filial et respectueux dévouement. Nous soumettions aussi notre ouvrage au jugement du Saint-Siége.

LETTRE DE S. S. PIE IX A L'AUTEUR.

Dilecto filio P. J. Rousselot, Gratianopolitanæ diœcesis vicario generali honorario, Gratianopolim.

Pius Papa IX.

Dilecte fili, salutem, et apostolicam benedictionem..

Epistolam tuam, dilecte fili, die 18 augusti 1848 Gratianopoli scriptam, et venerationis erga Nos, atque observantiæ plenam, libenti animo perlegimus. Libellum quoque à te typis editum, et ei epistolæ adjectum, qui inscriptus est: *La vérité sur l'événement de la Salette, etc.*, accepimus, atque ubi primùm, in quotidianâ gravissimarum rerum pertractatione, Nobis licuerit, illum legere non omittemus. Intereà verò tibi, ob illum ad Nos missum gratias agimus, et propterea quod, tanto studio ad amplificandam beatissimæ Virginis Mariæ gloriam, in illo scribendo laboraveris, valdè gratulamur. Fuerunt autem Nobis jucundissima, quæ narras de frequentissimo populi

A notre cher fils P. J. Rousselot, vicaire général honoraire du diocèse de Grenoble, à Grenoble.

Pie, pape IX du nom.

Cher fils, salut et bénédiction apostolique.

Nous avons lu avec plaisir votre lettre écrite de Grenoble en date du 18 août 1848, et remplie de vos sentiments de respect, de vénération pour Nous. Avec votre lettre Nous avons reçu le petit livre qui y était joint, et que vous avez fait imprimer sous ce titre : *La vérité sur l'événement de la Salette, etc.* Dès que les affaires graves et importantes que Nous avons à traiter chaque jour, Nous le permettront, Nous ne négligerons pas d'en prendre lecture. En attendant, Nous vous remercions de votre envoi, et Nous vous félicitons beaucoup d'avoir travaillé avec tant de zèle en le composant à étendre la gloire de la bienheureuse Vierge Marie. Il Nous a été surtout singulière-

undique ad beatissimam Virginem venerandam istùc advenientis concursu; et gratum in primis animo nostro fuit à te accipere, populum ipsum pro humilitatis nostræ Personâ potentissimum Deiparæ patrocinium, atque auxilium istìc implorare. Optamus verò plurimùm, populum de quo loqueris, certiorem fieri, Nos apostolicâ benedictione illum cumulare. Denique tibi ipsi, ejusdem apostolicæ benedictionis beneficium peramanter impertimur.

Datum Romæ apud S.-Mariam-Majorem die 20 septembris 1848, pontificatûs nostri anno tertio.

PIUS PP. IX.

ment agréable d'apprendre ce que vous racontez de ce concours nombreux de pèlerins qui accourent de toutes parts *en cet endroit* pour y honorer la bienheureuse Vierge Marie, et en particulier de savoir que ce peuple arrivé *sur ce lieu*, y implore pour notre humble Personne, la toute-puissante protection et le secours de la Mère de Dieu. Aussi, avons-nous le plus grand désir que ce peuple dont vous parlez, soit averti que Nous le couvrons de notre bénédiction apostolique. Enfin, Nous vous accordons à vous-même, avec la plus vive affection, le bienfait de cette même bénédiction apostolique.

Donné à Rome, à Sainte-Marie-Majeure, le 20 septembre 1848, la troisième année de notre pontificat.

Signé de la main de Sa Sainteté.

PIE, Pape IX du nom.

Monseigneur l'Evêque de Grenoble avait jugé à propos d'envoyer un exemplaire de notre Rapport à quelques-uns de ses vénérables Collègues dans l'épiscopat. Voici des extraits de leurs réponses :

« Monseigneur l'Evêque de....... à Monseigneur l'Evêque de Grenoble, 20 août 1848.

» Monseigneur, j'ai lu avec un véritable intérêt la
» brochure de M. Rousselot sur l'apparition de la
» sainte Vierge à la Salette, et je n'aurais pas hésité
» de l'approuver ainsi que vous l'avez fait, Monsei-
» gneur ; je vous félicite même d'avoir des preuves si
» touchantes de la protection de Marie sur votre dio-
» cèse ; il en résultera nécessairement un redouble-
» ment de foi et de ferveur qui vous consolera du re-
» froidissement que l'incrédulité et les faux sages font
» éprouver à ceux qui se livrent aux écarts d'une
» raison orgueilleuse et inconséquente, qui repoussent
» la pensée du commerce si utile et si bien établi qui
» existe entre la terre et le ciel. »

Monseigneur l'Evêque de....... à Monseigneur l'Evêque de Grenoble, le 20 août 1848.

» Monseigneur, l'autorisation que vous venez de
» donner à la publication du petit ouvrage dont vous
» me faites l'honneur de m'adresser un exemplaire,
» et la conviction profonde de Votre Grandeur sur la
» véracité du fait de la Salette, sont, sans aucun doute,
» bien capables de fixer mes incertitudes et d'aug-
» menter ma foi sur cet événement extraordinaire.
» Je pense comme vous, Monseigneur, qu'il faut
» laisser au temps d'affermir cette dévotion naissante.
» Le ciel ne manquera pas de se déclarer, et d'appuyer
» les faits merveilleux relatés dans l'ouvrage de
» M. Rousselot, par d'autres faits plus merveilleux en-
» core. »

Monseigneur l'Evêque de....... à Monseigneur l'Evêque de Grenoble, 22 août 1848.

» Monseigneur, j'ai aussi des remerciments à vous
» faire pour l'envoi de la petite brochure sur la Sa-
» lette. J'attendais avec impatience que vous eussiez
» prononcé pour asseoir mon jugement sur ces faits

» extraordinaires qui semblent nous promettre une
» protection particulière de notre bonne Mère. »

Monseigneur de la Rochelle écrit à Monseigneur l'Evêque de Grenoble, le 25 août 1848 :

» ...... Je me suis empressé de lire cet écrit si
» intéressant; et, quoique je fusse persuadé d'avance
» des lumières nouvelles qu'il porterait dans mon es-
» prit, en plus d'un endroit il a surpassé mon attente.
» Il est fâcheux qu'une pareille production n'ait pu
» paraître qu'à une époque où tant d'événements ex-
» traordinaires préoccupent les esprits. Mais le ju-
» dicieux auteur ne doit pas, pour cela, perdre con-
» fiance pour le succès de son excellent ouvrage : des
» jours plus sereins luiront pour nous, et, dès lors,
» on se disputera l'avantage d'une lecture dont l'inté-
» rêt, si je ne me trompe, augmentera avec le temps.
» J'ai été ravi de bien des détails que j'ignorais, et qui
» complètent l'histoire de l'apparition.......... En
» tout cas, votre approbation du Rapport sera toujours
» d'une grande consolation pour les âmes pieuses. »

Monseigneur l'Archevêque de....... à Monseigneur l'Evêque de Grenoble, le 6 septembre 1848 :

» Monseigneur, je vous suis très-reconnaissant de
» m'avoir envoyé le Rapport de M. Rousselot. Ce Rap-
» port m'a paru clair et décisif. Je croyais entièrement
» ce Fait, d'après la lettre que vous avez bien voulu
» m'en écrire dans le temps. »

Le même Archevêque, à l'Auteur du Rapport, le 6 septembre 1848 :

» Monsieur, je dois à Monseigneur de Grenoble l'a-
» vantage d'avoir lu votre excellent travail sur l'évé-
» nement de la Salette. Je le croyais depuis longtemps:
» votre rapport m'a confirmé dans cette croyance, et

» a dissipé quelques nuages qui me restaient. Je ne
» puis que vous remercier pour ma part, car toute
» l'Eglise est ici intéressée, de la lumière où vous avez
» mis ce fait si important............. »

Monseigneur l'Evêque de....... à Monseigneur l'Evêque de Grenoble, le 8 septembre 1848 :
» Monseigneur, je suis très-reconnaissant de la
» bonté que vous avez eue de m'envoyer un exem-
» plaire de la brochure sur Notre-Dame de la Salette.
» On a tant parlé dans ces derniers temps de l'appari-
» tion de la sainte Vierge dans ce lieu béni, que j'étais
» très-désireux d'en lire le récit authentique et con-
» sciencieux.
» Votre Grandeur me fait l'honneur de me deman-
» der mon sentiment sur ce fait merveilleux. J'avoue,
» Monseigneur, que si le témoignage des deux jeunes
» bergers était isolé et réduit à sa seule valeur, il ne
» me paraîtrait pas suffisant pour produire une en-
» tière conviction. Mais, quand on le voit corroboré
» par la conversion des habitants de la contrée et sur-
» tout par les nombreux miracles opérés par l'invoca-
» tion de Notre-Dame-de-la-Salette, le doute ne se-
» rait pas raisonnable. Ces guérisons miraculeuses
» sont attestées de façon à satisfaire les esprits les plus
» difficiles. Or, comment Dieu pourrait-il favoriser
» l'erreur ou l'illusion par des faits qui dérogent si
» manifestement aux lois ordinaires de la nature ?
» Aussi, Monseigneur, je pense que Votre Gran-
» deur fera une chose agréable à Dieu et utile à la
» propagation du culte de la sainte Vierge, en auto-
» risant l'établissement sur la montagne sainte, d'une
» Eglise dont le service..........

Monseigneur de......... écrit le 27 septembre 1848 à Monseigneur de Grenoble :

» Recevez, je vous prie, tous mes remercîments
» pour le livre que vous avez eu l'extrême bonté de
» m'envoyer, touchant le Fait de l'apparition de la
» sainte Vierge à deux bergers de Notre-Dame-de-la-
» Salette. Vous me faites l'honneur de m'en deman-
» der mon avis. J'y crois très-fermement, et ne vois
» aucune raison d'en douter. Il a toutes les qualités
» qui peuvent constater la vérité d'un fait, et l'objet
» en est si digne de respect, attesté par de si fidèles et
» irréprochables témoins qu'on ne peut, sans man-
» quer de bon sens et d'équité, y refuser son adhé-
» sion. Quant à nous ici, il nous a paru frappant;
» chacun veut lire le livre; on est avide de tous ces
» détails; on se le passe de main en main. »

§ 3.

Traductions de notre Rapport.

Avant même que notre Rapport vît le jour, on nous le demandait de la France et de l'étranger. Un professeur de l'Université de Bâle en Suisse nous écrivait le 26 juin 1848 :

Bâle, le 26 juin 1848.

Monsieur le Vicaire général,

J'ai suivi dans le temps avec le plus grand intérêt, ce qui a été dit dans les journaux sur le grand et mémorable événement de la Salette, et j'ai toujours éprouvé le regret de voir que jusqu'ici il n'avait pas encore eu de retentissement dans le monde catholique, surtout à l'étranger. Cependant, je viens d'apprendre par les journaux que vous venez de faire paraître un récit détaillé sur cet événement.

Je crois, Monsieur, que ce serait rendre un service à la partie catholique de l'Allemagne si un récit simple et circonstancié était traduit en langue allemande, et si vous vouliez bien me confier un exemplaire de l'ouvrage que vous venez de faire paraître, je me chargerai avec plaisir d'en faire la traduction pour propager en Allemagne un des faits les plus mémorables du monde catholique.

Si vous voulez bien, Monsieur, m'accorder l'autorisation que j'ai l'honneur de vous demander, je vous prierai de vouloir bien me faire connaître chez quel libraire en France il me serait possible de me procurer l'ouvrage que vous avez publié......

Carl WINDERMAN, *professeur de l'Université de Bâle en Suisse.*

On sent que l'autorisation demandée par un excès de délicatesse de la part du savant professeur n'a pu faire une question.

Nous savons maintenant que notre Rapport a été traduit en anglais et en allemand.

Il y a longtemps que nous avons reçu comme hommage d'auteur une traduction abrégée de notre travail, faite en italien par M. le chevalier de *Bayer*, secrétaire honoraire au ministère des affaires étrangères de la Cour de Turin. Le traducteur ayant publié lui-même dans sa langue un ouvrage sur la Salette, antérieur au nôtre, a dû se contenter, pour éviter des répétitions, de traduire principalement tout ce qui regarde la partie des miracles.

Enfin, un docteur en médecine des Pyrénées-

Orientales se propose de le traduire en espagnol, et en demande deux exemplaires, *pour propager*, dit-il, *la dévotion de Marie, ma chère mère.*

ARTICLE III.

OUVRAGES PUBLIÉS SUR LA SALETTE, EN MÊME TEMPS QUE NOTRE RAPPORT.

Rien ne prouve mieux l'intérêt qui s'est attaché au Fait de la Salette, que les nombreux écrits auxquels il a donné lieu. Nous ne parlerons ici ni du *Pèlerinage à la Salette*, par M. l'abbé Bez, ni du *Nouveau récit de l'apparition de la sainte Vierge sur les montagnes des Alpes*, par Mgr Villecourt, évêque de la Rochelle; nous en avons rendu compte dans notre *Rapport*, page 29. Ces deux auteurs judicieux, après un examen sérieux, sont restés pleinement convaincus de la réalité du Fait. Mais nous allons donner l'analyse de quelques écrits qui ont paru pendant et depuis notre première publication.

I. M. l'abbé *Arbaud*, neveu de l'ancien et illustre Evêque de Gap de ce nom, professeur au petit séminaire de Forcalquier, qu'une mort prématurée a trop tôt ravi à l'estime et à l'affection du clergé de son diocèse, faisait imprimer à Digne, en 1848: *Souvenirs intimes d'un Pèlerinage à la Salette*, le 19 septembre 1847, en 128 pages in-8°.

L'auteur consacre d'abord les 24 premières pages à une *Introduction ou aperçu philosophique sur l'apparition de la sainte Vierge à la Salette*. Il cite en faveur des apparitions en général non-seulement l'Ecriture et les Vies des Saints, mais encore les auteurs païens; puis, il établit que depuis l'origine du christianisme, il y a eu des visions, des apparitions et des miracles, pour le plus grand bien des peuples. Nous avons nous-même traité cette question dans l'*introduction* mise en tête de notre *Rapport*; seulement, nous l'avons fait d'une manière plus courte.

L'auteur, dans son chapitre Ier, fait des observations sur l'événement, admis par les uns, contredit par les autres, et laisse entrevoir son opinion personnelle sur la réalité de cette apparition.

Suit le chapitre II, où l'auteur fait une description longue et très-circonstanciée de son voyage à la Salette et de la grande fête célébrée sur la montagne, le 19 septembre 1847, premier anniversaire, par une masse compacte de 60 mille pèlerins.

L'interrogatoire des enfants vient après, ainsi que la relation très-détaillée de la guérison de la femme *Laurent*, de Corps. Jusque-là l'auteur est parfaitement d'accord avec nous. Mais il s'étend ensuite fort au long sur une pierre cassée, dont un fragment présentait une tête d'*Ecce homo*, assez bien dessinée; et puis, sur une autre pierre, trouvée sur la montagne, rapportée à Grenoble, et représentant une espèce de Dame à genoux devant une croix, avec un S orné que l'on a pris pour l'initiale du mot *Salette*. Dans notre Rapport, nous n'avons point voulu parler de ces deux pierres ; elles nous ont paru tout à fait en dehors du fait, et ne devant guère intéresser que les minéralogistes. Nous avons aussi rejeté comme faux ou très-incertain le fait de la guérison d'un militaire ; des renseignements puisés à bonne source nous ont rendu cet homme justement suspect.

L'auteur, placé trop loin des lieux où s'est accompli le fait, ne les ayant visités qu'en passant, et n'écrivant qu'à la suite d'un examen de quelques jours, s'est donc trompé sur quelques incidents étrangers au fait principal. Dans tout le reste, M. Arbaud, que nous n'avons pas connu et qui a écrit avant la publication de notre *Rapport*, confirme de point en point notre propre récit.

Le chapitre III contient les réponses admirables que les enfants ont faites dès le commencement à ces milliers de questions, toutes plus adroites les unes que les autres, par lesquelles on voulait leur arracher le secret confié à chacun d'eux.

Enfin, dans le chapitre IV, M. Arbaud répond à dix objections faites contre le Fait de la Salette. Toutes ont été résolues dans notre *Rapport*, excepté toutefois la septième et la huitième, qui heurtent tellement le sens commun, que nous doutons encore qu'elles aient jamais été proposées. Les exposer, ce serait les réfuter suffisamment.

Voilà donc un prêtre pieux, un professeur plein de talents, un scrutateur habile des deux bergers, qui est resté convaincu et qui croit devoir mettre au jour ses convictions.

II. Dans le Canton de Schwitz, situé au centre de la Suisse, il existe une célèbre abbaye de Bénédictins qui, depuis plusieurs siècles, desservent un pèlerinage, appelé *Einsiedeln* ou *Notre-Dame-des-Ermites*, justement regardé comme la *Lorette* de la Suisse, et consacrent ensuite le reste de leur temps à la prière, à l'étude et à l'enseignement. Un de ces religieux, le P. *Laurent Hect*, a publié en allemand un livre intitulé : *Histoire de l'apparition de la très-sainte Vierge à deux enfants-bergers, sur la montagne de la Salette, en France, le 19 septembre 1846, et des effets extraordinaires qui l'ont suivie*, etc., 4ᵉ édition considérablement augmentée. *Einsiedeln*, 1848, in-18, de XXIV - 144 pages.

Cette quatrième édition a paru en février, six mois avant notre Rapport. La première, tirée à plusieurs milliers d'exemplaires, avait été enlevée en quatre semaines et s'était répandue rapidement dans les Cantons suisses et dans l'Allemagne.

Le vénérable religieux, convaincu lui-même de la vérité de l'apparition, cherche à en convaincre ses lecteurs, en leur mettant sous les yeux 1° la description des lieux ; 2° le caractère des enfants qui n'ont pu imaginer leur récit, qui ne se sont point contredits et que personne n'a pu faire tomber en contradiction ; 3° sur les réponses étonnantes faites par les enfants interrogés et sur le fait en lui-même et sur le secret qui leur a été confié ; 4° sur le témoignage des personnes qui, incrédules d'abord, ont fait le voyage de la *Salette*, ont interrogé les personnes et les lieux, et sont revenues croyantes; 5° sur les guérisons miraculeuses opérées à la suite de l'apparition.

L'auteur fait deux récits : il tire le premier de deux lettres, l'une écrite par M. *Maury*, de Metz, et l'autre par un des secrétaires de l'Evêché de Grenoble. Son second récit est extrait de l'ouvrage que M. l'abbé *Bez* publia en 1847, sous le titre de *Pélerinage à la Salette*, etc.

Vient ensuite la relation du premier anniversaire, où le nombre des pèlerins est aussi porté à 60 mille comme dans notre Rapport.

Quant aux guérisons merveilleuses, on trouve celles de la sœur *Saint-Charles d'Avignon*; de *Françoise Laurent*, de Corps; de la sœur *Prouvèze* du Sacré-Cœur d'Avignon; et de *Victorine Sauvet*, que nous avons insérées nous-même dans notre Rapport. Mais nous regardons comme dénué de preuves suffisantes, le récit des guérisons arrivées à *Ambel*, à *Saint-Michel*, à *Saint-Baudille*, à *Mens*, et autres environs de Corps, quoique contenues dans la lettre de M. Maury, mais accueillies trop légèrement dans les premiers temps qui suivirent l'événement de la Salette. L'auteur raconte aussi deux guérisons arrivées l'un à *Buochs*, canton d'Underwald, et l'autre à *Isny*, royaume de Wurtemberg; probablement il s'est assuré de leur authenticité. Il accorde encore une longue place à l'histoire d'une pierre rapportée de la montagne de la Salette, et qui, ayant été cassée dans une auberge à Corps, par deux officiers, sembla présenter sur chaque face une tête d'*Ecce homo*. Nous persistons à croire que cette pierre ne prouve ni pour ni contre le Fait de l'apparition. Enfin, le pieux auteur se trompe en citant comme étant encore Evêque de Gap le vénérable Mgr *Louis Rossat*, transféré à l'évêché de Verdun en 1844.

En somme, le livre du vénérable bénédictin d'*Einsiedeln*, respire la piété envers la sainte Vierge; il prouve le retentissement qu'a obtenu dans l'étranger le Fait de la Salette; il en établit et en constate la réalité; et s'il renferme quelques faits faux ou douteux, cela n'est pas étonnant; l'auteur l'ayant composé à cent lieues du théâtre de l'évènement, et d'après les rapports de témoins qui, dans un séjour de quelques heures, ou tout au plus de quelques jours sur les lieux, avaient accueilli trop légèrement tout ce qui paraissait se rattacher au grand Fait de l'apparition.

III. M. l'abbé *Lemeunier*, aumônier de l'hospice civil de Séez (Orne), a publié: *Pèlerinage à la Salette*, in-18, de 108 pages, 6ᵉ édition, 1849. Après avoir raconté son voyage en 1848 et ses impressions religieuses sur la montagne, il établit la vérité du Fait à peu près comme nous l'avons fait dans notre Rapport. Le produit de la vente de ce livre doit servir à la construction d'une chapelle sur la montagne de l'apparition. C'est donc une double bonne action qu'a faite M. Lemeunier. Nous lui conseillerons seulement de retrancher dans une nouvelle édition l'histoire de la guérison des deux militaires; celle des *châtiments* et celle des *pierres*. Rien n'a constaté la guérison de ces militaires, parce que rien n'avait constaté leurs maladies; les châtiments ne reposent que sur les dires de quelques gens du pays ; et enfin, les pierres sont en dehors du fait de l'apparition ; elles ne le prouvent ni ne lui nuisent. En revanche, l'auteur ne manquera pas de matériaux pour une nouvelle édition.

IV. M. l'abbé *Larrose*, curé d'Accous, diocèse de Bayonne, a consigné dans le *Mémorial des Pyrénées*, n°s 5, 19, 20 et 21 décembre 1849, les impressions qu'il a rapportées de son pèlerinage à la Salette : impressions favorables au Fait; impressions partagées par des milliers d'autres pèlerins, et racontées d'un style vif, agréable et propre à persuader.

V. Nous ne nous arrêterons pas à parler ici d'une infinité de petites brochures, de feuilles ou images imprimées à la suite de l'événement de la Salette. Ces publications supposent le Fait, mais elles ne le discutent pas; quelques-unes même l'altèrent plus ou moins.

Mais nous ne pouvons passer sous silence une brochure de 220 pages in-18, publiée à Paris en 1849, sous le titre de *Mois de Notre-Dame de la Salette*, etc.

Quoique l'auteur, dont nous respectons les bonnes intentions, dise que son ouvrage est *recommandé par plusieurs Evêques, Archevêques, vicaires généraux, supérieurs de séminaires et couvents, et autres sommités de la France et de l'étranger* (sic), il nous autorise lui-même à n'en rien croire, puisque dans sa dédicace il exprime le désir d'obtenir l'approbation de Monseigneur l'Archevêque de Paris. Effectivement, le livre ne porte ni approbation ni recommandation, et nous doutons qu'il en obtienne jamais, tant qu'il ne sera pas refait en entier, pour le style, pour le fond, pour le choix des exemples, pour le rapprochement faux et forcé qu'il veut constamment établir entre l'apparition de la Salette et les mystères du Rosaire et de la Passion du Sauveur. Le fait de la Salette n'a pas besoin de tels défenseurs; il perdrait à avoir de tels amis; mieux vaudrait pour lui un sage ennemi. Chaque page, au besoin, justifierait notre critique. Laissons de côté les fautes d'impression, de style et de langage: quelle idée a l'auteur de choisir ses exemples dans sa vie privée? de donner pour merveilleux des faits dont il est le seul témoin, tels que ceux qu'il raconte pages 21, 59, 113, 119, 126, 131, 140, 148, 162, 170, 193, 201, 212. Qui pourra, en particulier, supporter la lecture des exemples rapportés pages 59, 119, 126, 148, 170. A la page 155, saint Casimir, dont l'Eglise célèbre la fête le 4 mars, et qui mourut âgé de 24 ans en 1483, est confondu par l'auteur avec Casimir V, roi de Pologne, dont le tombeau se voit à Saint-Germain-des-Prés; et celui-ci, mort en 1672, est fait contemporain de saint François-Xavier, mort en 1552!

Où l'auteur a-t-il pris que la sainte Vierge a fait le chemin de la Croix sur la Salette, pages 55,

57? Qui peut supporter que Jésus soit le *vertueux enfant* de Marie, pages 45, 55? Qui comprendra des *miracles sans fin venant attester la vérité de ce qui est annoncé dans des ouvrages très-compliqués*, page 95? Qu'est-ce qu'une femme *dangereuse* pour dire qui est *en danger de mort*, page 141? Cette phrase : *Nous sommes esprits et vérité par nature*, page 143, est-elle bien orthodoxe? Mais arrêtons-nous, et déplorons l'apparition d'un livre, plus propre à nuire au Fait de la Salette, dans l'esprit des hommes irréligieux, ou prévenus, que ne pourraient lui nuire toutes les diatribes de quelques journaux.

Nous avions cru que l'auteur dont nous venons de parler, un peu honteux de son premier travail sur la Salette, cesserait d'écrire sur ce sujet. Nous nous sommes trompé, et à l'instant nous recevons de lui par la poste une seconde brochure qui nous paraît le comble du délire, et le fruit d'une imagination complétement égarée. Qu'on juge de la brochure tout entière par la première phrase de son préambule : « *Marie a parlé de pommes de terre; La pomme est violette, rouge et blanche, prédiction de trois fléaux : guerre, famine et peste.* » Tout le reste est dans ce goût et pire encore. Inutile de nous y arrêter plus longtemps; on guérit difficilement un cerveau malade. Cette fois, du moins, la nouvelle brochure ne nuira point au fait de la Salette; elle ne peut nuire qu'à son auteur.

ARTICLE IV.

CONTINUATION DU PÈLERINAGE DE LA SALETTE; PROCESSIONS.

Nous avons porté à plus de cent mille le nombre des pèlerins accourus à la Salette pendant la première année, et à soixante mille ceux qui couvraient la montagne au premier anniversaire. M. l'abbé *Arbaud*, dans ses *Souvenirs intimes* porte ce dernier nombre à quarante-huit mille, et convient que d'autres le portaient à cent mille. Vit-on jamais pareille agglomération dans aucun sanctuaire de Marie?

Pendant la seconde année, mille causes devaient interrompre et même faire oublier le pèlerinage. Cependant, ni les préoccupations politiques, ni les agitations de la capitale et des provinces, ni la disparition du numéraire, ni les dangers des routes, etc., n'ont été capables de ralentir la pieuse ardeur des pèlerins. Moins nombreux que l'année précédente, ils se sont encore trouvés réunis par milliers à certaines époques, principalement au second anniversaire.

Enfin, la troisième année, le calme s'étant un peu rétabli, le nombre des pèlerins a été au moins double de celui de l'année précédente.

Et cependant dans ces réunions si nombreuses, composées d'hommes de toute nation et de toute langue, pas le moindre désordre; partout la piété la plus vraie, la plus touchante; tous semblent n'avoir qu'un cœur et qu'une âme pour vénérer ce lieu sanctifié par l'apparition de Marie. La foi et la piété ont toujours maintenu l'ordre mieux que ne l'auraient fait cinq cents gendarmes. Quelle différence entre les réunions présidées par la Religion et celles formées par les passions politiques?

Mais nous ne devons point passer sous silence ces nombreuses et belles processions qui se font chaque année à la montagne de toutes les paroisses environnantes. Depuis qu'il a été permis de parler du Fait de la Salette, ces processions se font avec toute la pompe du culte catholique. Au jour convenu, les travaux de la campagne sont suspendus; on se rend à l'église longtemps avant le jour; on ne calcule ni la longueur ni la difficulté des chemins, ni les rochers à gravir, ni les précipices à cotoyer.

On part au son des cloches, bannières déployées, croix en tête, pénitents et pénitentes en costume; les chants commencent et ne cesseront qu'au retour au village; le curé en rochet et en étole suit ses paroissiens, les enfants veulent être du voyage. On marche en bon ordre des cinq, six et sept heures de suite sans s'arrêter, sans se lasser; on parcourt des sentiers étroits sur le flanc des montagnes et sur le bord des abîmes. Lorsque la procession traverse un territoire étranger, elle est saluée au son de toutes les cloches tant que dure son passage. L'étranger, pour jouir de ce spectacle imposant, s'arrête au centre de ce cercle de montagnes, et de là, il contemple avec une indicible émotion ces longues files d'hommes et de femmes échelonnées à sa droite, à sa gauche; tantôt suspendues sur le sommet des monts, tantôt s'élevant du fond des abîmes; de là, il entend ces chants pieux qui se répètent dans tous les sens et que multiplient les échos. D'un côté débouchent les processions de la Salette, de Corps, du Monestier-d'Ambel; de l'autre, celles de Saint-Jean-des-Vertus, de Saint-Michel ; l'une gagne le mont révéré, l'autre se déroule sur les sinuosités de ses flancs ; une troisième tourne autour de sa base.

Tel fut le ravissant spectacle que présentèrent le 8 septembre 1848, jour de la Nativité de Marie, les sept ou huit processions qui, parties de différents points, formèrent sur le mont révéré une agglomération de près de quatre mille personnes. La chapelle provisoire, trop petite pour recevoir cette multitude, se vide et se remplit successivement; chaque paroisse y entre à son tour, entend la messe célébrée par son pasteur, chante les louanges de Dieu et de son auguste Mère. A chaque messe il y a nombre de communions d'hommes, de femmes et d'enfants, qui ont gardé le jeûne malgré la fatigue d'une longue et pénible marche de plusieurs heures....... Au sortir du lieu saint où elle a prié longuement, la pieuse procession va s'asseoir sur la pelouse pour se reposer quelques moments. Chacun partage fraternellement avec ses voisins les petites provisions qu'il a apportées, et tous ensemble font un frugal repas qui rappelle les Agapes des premiers chrétiens..... Cependant, l'heure du départ est arrivée; une clochette se fait entendre au milieu de la foule compacte qui couvre la montagne; c'est celle de telle paroisse. Aussitôt la procession se reforme, les bannières se déploient, la croix ouvre la marche, les chants pieux se réorganisent, le Curé suit son troupeau, les prières et les cantiques ne cesseront qu'au retour qui a lieu quelquefois à une heure avancée de la nuit.

En 1848, on vit arriver à Corps, à dix heures du soir, la procession de la Croix-Haute, département de la Drôme. Partie à deux heures du matin, elle avait parcouru douze lieues de pays. Elle monta le lendemain à la Salette; elle était venue demander la pluie; elle fut exaucée.

A ceux qui hésitent encore sur le Fait de la Salette, nous demandons : comment deux petits pâtres, ignorants, grossiers, auxquels personne ne faisait attention, ont-ils réussi, s'ils sont trompeurs ou trompés, à produire ce concours prodigieux, à organiser ces belles processions, à inspirer ces sacrifices, à imposer ces fatigues, ces dépenses, ces pertes d'un temps précieux, etc.

Ce mouvement ne prouve-t-il pas évidemment deux choses : 1° une conviction intime, profonde, soutenue de la vérité de l'apparition; 2° un retour réel et constant aux pratiques religieuses de la part de ces populations que quelques-uns s'obstinent à représenter comme étant telles encore aujourd'hui qu'elles étaient avant le Fait de l'apparition.

Le Curé de la Salette et son frère résidant auprès de lui en qualité de prêtre auxiliaire, écrivent à Monseigneur l'Evêque, le 12 octobre 1849 :

« Nous aimons à annoncer à Monseigneur que du-
» rant cet été, notre saint pèlerinage a été beaucoup
» plus fréquenté que l'année dernière, surtout par
» un très-grand nombre de personnes aisées, de con-
» dition même, venues de tous les points de la France
» et plusieurs fois de l'étranger. Bien que le concours
» au 19, troisième anniversaire, n'ait pas été très-
» considérable, la fête a été néanmoins belle et solen-
» nelle. Huit mille pèlerins environ se sont réunis sur
» notre sainte montagne pour prier, pour chanter les
» louanges de Dieu et de sa sainte Mère, pour se gué-
» rir, pour s'édifier, se convertir et se sanctifier. Le
» sentiment de la conviction, de la pénétration et de
» la piété régnait éminemment parmi la foule recueil-
» lie. Environ trente messes ont été célébrées à l'autel
» à double face, dans la chapelle provisoire. Huit
» cents personnes ont eu le bonheur de faire la sainte
» communion. Vers midi, une instruction chaleu-
» reuse, bien comprise, bien sentie, a été donnée
» par l'excellent M. Gerin, curé de la cathédrale. Ce
» discours véhément et pathétique sur la dévotion à
» la sainte Vierge, et les conséquences nécessaires de
» la sainte apparition a été suivi de la bénédiction
» du saint Sacrement, donnée en plein air. Bientôt
» après, la multitude pieuse s'est retirée consolée,
» encouragée, édifiée et résolue de devenir meilleure
» devant Dieu et devant les hommes. »

ARTICLE V.

CORRESPONDANCE IMMENSE AU SUJET DU FAIT DE LA SALETTE; EAU DEMANDÉE AVEC DES PRIÈRES ET DES NEUVAINES; CONFRÉRIE ÉTABLIE A LA SALETTE.

Nous ne connaissons dans le monde catholique aucun sanctuaire, aucun lieu de dévotion qui ait occasionné dès son origine, l'immense correspondance qui s'est établie entre toutes les parties du monde chrétien, et MM. les Curés de Corps, de la Salette, plusieurs ecclésiastiques de Grenoble et Mgr l'Evêque lui-même. S'il y a quelque part, et à l'occasion d'un pieux pèlerinage, un échange de lettres aussi fréquent, aussi continuel, qu'on nous le dise, et nous avouerons volontiers notre ignorance.

Au 19 septembre 1847, premier anniversaire, M. *Mélin*, curé-archiprêtre de Corps, comptait 1500 lettres reçues durant cette première année.

M. *Perrin*, curé de la Salette, estime que la moyenne des lettres qu'il reçoit chaque mois, monte à 130; ce qui donne par an 1560 lettres.

Chaque jour donc, chaque mois fait pleuvoir à Corps et à la Salette une multitude de lettres, la plupart très-intéressantes, respirant la foi la plus vive, la piété la plus tendre, et une confiance sans bornes envers la Mère de Dieu.

Un extrait seul de ces lettres, restreint à ce qu'elles contiennent de plus intéressant, formerait un énorme volume.

La plupart de ces lettres exigeant une réponse,

qu'on juge du surcroît de travail imposé à MM. les Curés de Corps et de la Salette.

Dans les premiers temps, on demandait des renseignements sur l'événement; on voulait en connaître les circonstances, les preuves, la croyance qu'on y donnait sur les lieux, ce qu'en pensait l'autorité ecclésiastique, etc.

Bientôt après, on commença à demander de l'eau de la fontaine réputée miraculeuse, si ce n'est dans son *origine*, au moins dans ses *effets*. Ces demandes d'eau vont toujours en augmentant; elles ne s'adressent qu'aux Curés des lieux ou aux ecclésiastiques de Grenoble, parce qu'on ne veut pas être trompé, cette eau n'étant point dans le commerce quoiqu'on l'ait répété faussement (1).

Les demandes d'eau sont presque toujours accompagnées de demandes de prières et de neuvaines à faire sur les lieux. On veut une union de prières qui fassent une sainte violence au ciel et qui touchent la Mère des miséricordes.

Pour répondre à ces demandes venues de tous les côtés, on a établi et sur la montagne et dans l'église paroissiale de la Salette une neuvaine et des prières perpétuelles. Chaque jour, après chaque messe, ce sont les Litanies de la sainte Vierge, l'Oraison dominicale et autres prières récitées en public et auxquelles les assistants prennent part.

---

(1) Lorsque la fontaine coule avec moins d'abondance, elle donne encore trois litres par minute, 180 par heure et 4320 par jour; on s'en est assuré.

Des prières et des neuvaines sont aussi demandées à Corps, en particulier à *Maximin* et à *Mélanie*, qui se prêtent de bon cœur aux pieux désirs des étrangers, mais sans prétention et sans retour d'amour-propre.

Enfin, Monseigneur l'Evêque a autorisé l'établissement d'une pieuse association sous le nom de *Notre-Dame réconciliatrice de la Salette*, et le registre ouvert à cet effet, contient en ce moment plus de 18,000 noms.

ARTICLE VI.

DONS FAITS OU PROMIS POUR UN SANCTUAIRE A NOTRE-DAME-DE-LA-SALETTE.

Jusqu'ici la montagne nue et escarpée de la Salette attire sans interruption des milliers de pèlerins que rien n'arrête, ni la distance des lieux, ni les fatigues de la route, ni les dépenses du voyage; mais la foi vive de l'apparition les engage souvent à se dépouiller sur-le-champ et à offrir en hommage à la Reine du ciel des objets de prix et souvent chers au cœur. D'autres pèlerins, de retour dans leur patrie, s'empressent d'envoyer des dons à la chapelle provisoire; d'autres encore attendent que la construction d'un vrai sanctuaire soit commencée, pour réaliser les promesses que la piété ou la reconnaissance leur ont inspirées. Nous allons signaler quelques-uns des bienfaiteurs de Notre-Dame-de-la-Salette, mais sans nous astreindre à aucun ordre chronologique.

M. de *Rey de Garidel*, de Marseille, vint au mois de juillet de l'année 1849, en pèlerinage sur la sainte montagne. La croupière de son cheval s'étant rompue à quelques cents pas de la chapelle, il fut renversé et roula à plus de trente pieds sur une pente escarpée et rocailleuse. Il aurait pu rester sur le coup ; mais il en fut quitte pour de nombreuses contusions dont il guérit cependant au bout de trois jours passés au presbytère de la Salette. Dans sa reconnaissance, il a envoyé pour le 19 septembre, troisième anniversaire, une magnifique statue de la Vierge, qui a excité l'admiration des nombreux pèlerins.

M. *Ferchaud*, curé-archiprêtre de Notre-Dame-de-Fontenay (Vendée), a envoyé une caisse contenant trois ornements complets et neufs, avec une certaine quantité de linge de sacristie, une croix en bois d'ébène garnie en argent, deux beaux candélabres à cinq branches, plus une somme d'argent recueillie parmi ses bons paroissiens.

M. *Bénard*, chapelain de la *Providence* de Rouen, a envoyé deux ornements complets et des linges d'autel.

M. *Faure*, curé de Valbonnais (Isère), a donné un ornement neuf et très-propre.

Une demoiselle de Besançon, déjà âgée, qui a paru être d'une condition ordinaire, a donné 500 francs pour la construction du sanctuaire.

Un pèlerin du Var a mis dans le tronc sa montre en or.

Grand nombre de pèlerins ont fait ou promis

des dons plus ou moins considérables ; mais leur modestie égalant leur générosité, ils ne veulent pas être nommés. C'est ainsi qu'un prêtre étranger a voulu faire don d'un très-beau calice en argent.

M. *le Meunier*, aumônier de l'hospice de Séez, est un des insignes bienfaiteurs de la Salette. Le produit de la vente de sa petite brochure : *Pèlerinage à la Salette*, est consacré à la construction du sanctuaire de Notre-Dame de la Salette.

En nous bornant à cette énumération, nous demanderons encore aux opposants : *Tout le monde est-il donc dans l'illusion ? Le démon, par son prestige, a-t-il voulu produire tant d'actes de pieuse générosité ? Et si à la place de Satan, on veut un habile jongleur, quel profit retire-t-il de ces offrandes ? Les a-t-il même prévues ?*

ARTICLE VII.

MERVEILLES DANS L'ORDRE DE LA GRACE, MULTITUDE DE FAITS PROVIDENTIELS.

Les milliers de lettres adressées à Corps, à la Salette et à Grenoble, contiennent presque toutes des relations extrêmement intéressantes, des grâces sans nombre obtenues par les communautés religieuses, par les familles chrétiennes, par les particuliers, qui ont fait usage de l'eau merveilleuse et adressé des prières et des neuvaines à la sainte Vierge invoquée sous le nom de Notre-Dame-de-la-Salette. Le recueil de ces faveurs formerait un immense volume. Ce ne sont point, à la vérité, des miracles proprement dits, tels que ceux qui sont constatés dans notre Rapport, tels que ceux que nous avons à raconter dans l'article suivant; mais ce sont des guérisons opérées peu à peu, des soulagements sensibles à des douleurs longues et atroces, des événements providentiels qui arrivent contre l'ordre ordinaire; ce sont des conversions nombreuses de pécheurs endurcis. Plusieurs même de ces faits pourraient passer pour de vrais miracles; mais on ne veut point en parler, soit parce qu'ils ne peuvent guère être constatés que par la personne favorisée, soit parce qu'il répugne à la modestie des malades guéris d'occuper d'eux le public.

Outre les faits contenus dans ces lettres, combien d'autres racontés de vive voix par une infinité de personnes éclairées, sages, exemptes de tout enthousiasme. Une neuvaine faite avec confiance, et l'eau employée avec foi font disparaître au bout de neuf jours, un vomissement de sang assez fréquent, accompagné d'une irritation d'estomac qui fait rejeter toute nourriture depuis plusieurs mois, ou produisent d'autres effets non moins remarquables. Citons quelques traits dont nous nous faisons garant.

Une jeune personne de treize ans, Mademoiselle E. S., administrée le matin, et ayant les symptômes d'une mort prochaine, avale quelques gouttes d'eau de la Salette, et dès ce moment, elle entre en convalescence et est bientôt guérie.

M. l'abbé Ch. C. de R. est guéri subitement de coliques violentes et intolérables au moment où il fait vœu de faire le pèlerinage de la Salette.

M. l'abbé M. C. de M. éprouve depuis trois semaines de violents maux de tête que rien ne peut calmer. La pensée lui est suggérée d'employer l'eau de la Salette. Il en met quelques gouttes dans sa potion, et ses douleurs disparaissent comme par enchantement pour ne plus revenir. — Nous tenons ces deux faits de la bouche des deux ecclésiastiques à qui ils sont arrivés.

Grand nombre d'enfants en bas âge sont cités comme ayant été guéris subitement après avoir avalé quelques gouttes de l'eau merveilleuse, ou préservés d'une mort presque certaine par la médaille de N. D. de la Salette. En voici un exemple dont nous garantissons l'authenticité.

Madame la marquise de B., M. et Mme du B. avec trois autres personnes, ayant une course à faire, montent en voiture. On part au grand trot. A l'entrée du village de G., une petite fille de deux ans, éveillée ou effrayée au bruit de la voiture, s'élance tout à coup, et sans être aperçue, de derrière une borne. Elle est renversée par le cheval, et tombe sous la roue qui lui passe sur le corps. On parvient à arrêter le cheval. Tout le monde consterné se précipite à terre ; on ramasse l'enfant, on la porte à sa mère, on la visite : la robe n'a point de mal ; l'épaule et la joue seules sont un peu écorchées, mais point de fracture. Cependant la petite porte au cou une médaille de la Salette, et chose étonnante! cette médaille a été pliée et faussée sous le poids de la voiture. Madame du B. a voulu la garder comme le souvenir d'une protection signalée. Si ce fait n'est point un miracle, n'est-ce pas au moins un trait bien frappant d'une providence toute spéciale?

Tels sont les traits que l'on se plaît à raconter de vive voix et par lettre, et dont nous remplirions un volume. Dira-t-on encore que sur cette infinité de faits tout le monde est trompeur ou trompé? Et pour échapper à l'apparition de la Salette, ébranlera-t-on jusqu'aux fondements de la certitude humaine?

ARTICLE VIII.

NOUVEAUX MIRACLES PROPREMENT DITS.

Depuis l'impression de notre Rapport, nous avons reçu et nous continuons à recevoir des relations authentiques de nouveaux et nombreux miracles opérés en différents lieux et sur différents points de la France par le recours à Notre-Dame de la Salette et par l'emploi de l'eau de la célèbre montagne. Ces miracles sont la confirmation la plus solide, le témoignage le plus irréfragable de la vérité du Fait de l'apparition. Le ciel répond-il par des miracles à la voix des imposteurs; confirme-t-il par des prodiges le mensonge et l'erreur? La conscience du genre humain nous assure que non.

Qu'on ne nous accuse pas, au reste, d'accueillir

légèrement tous les faits qu'on nous signale comme miraculeux. Quelque édifiants que puissent être les récits qu'on nous envoie, quelle que soit la conviction intime des personnes guéries et des témoins intimes de leur guérison, nous avons constamment réclamé dans notre correspondance :

1° Le concours de l'autorité épiscopale, autant qu'on jugerait convenable de nous l'accorder ;

2° L'attestation des médecins, autant qu'il serait possible de l'obtenir ;

3° La signature d'un grand nombre de témoins irréprochables et suffisants pour établir une vraie publicité. Nous aurons toujours pour principe invariable qu'un seul fait douteux ferait tort aux faits les plus incontestables, et qu'un petit nombre de miracles parfaitement avérés suffit abondamment au Fait de la Salette. En preuve de notre assertion et de la bonne foi qui nous a guidé jusqu'ici, nous citerons, entre plusieurs autres, la lettre qu'on nous écrivait de Tournai (Belgique), le 6 novembre 1849, en réponse à la demande que nous avions faite de renseignements plus positifs, touchant la guérison de *Mlle Julie*, *abbesse du couvent des Clarisses*, de cette ville. Cette guérison est attestée, à la vérité, par Mme l'abbesse elle-même, par huit de ses religieuses, et par *Mlle Francisca de Robiano*, de Bruxelles ; mais nous demandions quelque chose de plus, et voici la réponse qui nous a été faite :

Tournai, 6 novembre 1849.

Monsieur le Vicaire général,

Je serais heureux d'avoir une petite part dans votre sainte entreprise pour la gloire de Marie, et de fournir la matière d'une page à votre intéressant ouvrage sur Notre-Dame de la Salette. La guérison extraordinaire de la *mère abbesse du couvent des Clarisses* de notre ville, sur laquelle vous m'avez fait l'honneur de me consulter, pourra-t-elle me procurer cette satisfaction? C'est ce dont je dois douter, attendu que le médecin de la maison a cru pouvoir, au moment même de l'événement, attribuer cet heureux changement aux soins qu'il avait donnés à la malade; et je me hâte d'ajouter que ce médecin est un homme consciencieux, instruit et très-religieux. Aussi, devant cette déclaration, les supérieurs ecclésiastiques, que j'ai expressément consultés, ne voudraient pas donner à ce fait une portée qui lui serait contestée, ou pourrait l'être.

Mon opinion particulière serait donc ici de bien peu d'importance. Qu'il me soit permis cependant de vous dire que bien grande a été ma surprise en voyant cette reprise des forces immédiate et soutenue, et que je n'ai pas cessé de regarder cette guérison comme miraculeusement obtenue par les prières et la confiance de ces saintes filles, et surtout par l'invocation de Notre-Dame de la Salette.

Il est bien impossible, monsieur le Chanoine, qu'un ouvrage comme le vôtre, ne soit pas reçu partout avec faveur, et en particulier dans un pays où la dévotion à la sainte Mère de Dieu va toujours en croissant, comme un remède sans doute contre le mal toujours croissant, des mauvaises doctrines. Bien des personnes, prévenues contre tout ce qui est miraculeux, le liraient encore avec plus d'édification, si elles savaient la circonspection que vous apportez dans le choix des faits, et les garanties que vous exigez avant de leur donner place dans votre recueil.

J'attends avec impatience la publication que vous annoncez.

Agréez, monsieur le Vicaire général, l'expression de ma respectueuse et parfaite considération.

H. Delacœuillerie, *chan.*

Cette guérison ne figurera donc point dans ce Recueil. Par les mêmes motifs, nous retranchons nombre d'autres faits semblables, merveilleux sans doute, étonnants même et surtout très-édifiants, mais pas assez prouvés. On ne trouvera donc point ici des guérisons arrivées à Lille, à Falaise, à Langres, à Caen, etc. Quelques-unes, quoique assez bien prouvées, n'offrent point cette instantanéité, cette soudaineté, requises pour les guérisons vraiment miraculeuses ; elles nous paraissent plutôt des effets admirables de cette divine Providence qui a tout réglé, tout disposé *avec nombre, poids et mesure,* et qui n'est pas moins adorable quand elle agit *avec suavité* que quand elle déploie *la force de son bras.*

Parmi les miracles contenus dans notre *Rapport,* il en est un, celui d'*Antoinette Bollenat,* d'Avallon, qui a été déclaré depuis *vrai miracle de troisième ordre,* par jugement doctrinal du vénérable Archevêque de Sens, et qui, de fait croyable *de foi humaine* qu'il était d'abord, est passé désormais dans le rang des faits qui ont un commencement *de foi ecclésiastique*, c'est-à-dire, de ces faits auxquels on donne son assentiment à cause de l'autorité du supérieur ecclésiastique qui les a examinés, et qui, après les avoir constatés, les approuve et les propose à notre croyance et à notre édification.

I. DIOCÈSE DE SENS. Qu'on relise d'abord dans notre *Rapport*, pages 155-166, la relation de la guérison d'*Antoinette Bollenat*, la déclaration du docteur *Gagniard* et le jugement de la Commission d'enquête sur cette guérison. Nous allons donner maintenant tout au long le rapport de M. *Chanveau*, vicaire général de Sens, dans lequel on constate que la guérison d'Antoinette Bollenat réunit les sept conditions voulues par Benoît XIV pour être reconnue comme *vraiment miraculeuse*. Ce rapport sera suivi du jugement doctrinal de l'illustre Prélat.

RAPPORT PRÉSENTÉ A MONSEIGNEUR L'ARCHEVÊQUE DE SENS.

Monseigneur,

Le 23 novembre 1847, Votre Grandeur fut informée par M. Gally, curé de Saint-Martin-d'Avallon, qu'une guérison qui offrait quelque chose de miraculeux, venait d'être opérée dans sa paroisse; que M. Gagniard, docteur en médecine, qui jouit justement d'une réputation méritée de piété, de science et de probité, regardait cette guérison comme un miracle, et il demandait l'autorisation de chanter à cette occasion un *Te Deum* solennel.

Cette pièce est renfermée dans le dossier, et porte le n° 1.

Le 25 du même mois, Votre Grandeur refusa l'autorisation demandée et exhorta à la plus grande discrétion, toujours nécessaire, mais surtout dans la circonstance.

Le 24 novembre, M. Darcy, archiprêtre d'Avallon, annonce le même fait et promet d'envoyer une relation circonstanciée de cette guérison (n° 2).

Le 14 décembre, M. Gally envoie la relation de la guérison d'Antoinette Bollenat, arrivée le 21 novembre 1847, après une neuvaine faite à Notre-Dame de la Salette (n°s 3, 4).

Le 11 décembre, M. Darcy envoie une copie de la relation qu'il a faite de cette guérison dans une lettre adressée à M. le doyen de Corps, diocèse de Grenoble. Il annonce deux nouvelles guérisons (n°s 5, 6).

Le 1er janvier 1848, M. Gally envoie la relation telle qu'elle est indiquée sous le n° 4, mais signée par les parties intéressées; Antoinette Bollenat certifie que les faits rapportés sont vrais; ses sœurs et son frère attestent la vérité des faits avec tous les ecclésiastiques de la ville (n°s 7, 8); une lettre de M. Gagniard, docteur-médecin, qui déclare positivement que cette guérison est miraculeuse (n° 9); un rapport médical fait et signé par le même docteur qui constate l'invasion, les progrès de la maladie et la guérison instantanée (n° 10).

Le 21 janvier 1848, M. Darcy adresse à Monseigneur la relation de deux autres guérisons opérées dans sa paroisse le 8 décembre 1847 (n°s 11, 12) qu'il a envoyée à M. le doyen de Corps.

Le 24 janvier, Votre Grandeur, sur la demande de MM. Darcy et Gally, nomme une commission à l'effet de procéder sous la présidence de M. l'archiprêtre, à une enquête juridique sur les guérisons extraordinaires opérées à Avallon. Cette commission est composée de MM. Darcy, chanoine honoraire, archiprêtre, curé de Saint-Lazare-d'Avallon; Gally, curé de

Saint-Martin-d'Avallon; Frénial, curé d'Annay-la-Côte; Bunetier, curé de Magny. M. Frénial, se trouvant indisposé, a refusé de faire partie de cette commission.

Le 29 janvier, M. Darcy prie Monseigneur d'adjoindre à la commission MM. Yvan, prêtre en retraite à Avallon, et Duchesne, chanoine honoraire, curé de Sauvigny-le-Bois (n° 13).

Monseigneur consent, et le 31 du même mois, ces Messieurs sont nommés à cet effet.

M. Gally envoie une lettre de M. Rousselot, chanoine, vicaire général de Grenoble, rapporteur dans l'affaire de la Salette, qui lui exprime le désir que dans cette affaire, Monseigneur l'Archevêque légalise les signatures, ou ce qui lui paraît bien autrement important, qu'il accompagne la relation du jugement qu'il porte de l'évènement (n° 14).

Se trouve également au dossier un exemplaire de la relation de la guérison de Mademoiselle Marie-Antoinette Bollenat, extrait du journal *La voix de l'Église*, Paris, imprimerie catholique, T. A. Sirou, rue des Noyers, 37 (n° 15).

La commission se met à l'œuvre et consacre les 7, 8 et 14 février à l'enquête sur la guérison d'Antoinette Bollenat, et les 10, 11 et 14 février à l'enquête sur la guérison de Marie-Pierrette Gagnard.

Le 22 février, M. Darcy envoie le résultat des deux enquêtes faites, et le rapport de la commission. (La lettre d'envoi porte le n° 16.)

La première enquête d'Antoinette Bollenat, n° 17; la seconde enquête, Marie-Pierrette Gagnard, n° 18; le rapport de la commission, n° 19.

N° 20. Lettre de M. Darcy.
N° 21. Nouveaux détails.
N° 22. Lettre d'envoi.
N° 23. Supplément d'enquête.

N° 24. Certificat du médecin.

Votre Grandeur, en son conseil, a pris connaissance de toutes ces pièces. Elles ont été lues et écoutées avec attention, et une contradiction peu importante pour le fait a été signalée dans les dépositions des témoins.

Voici cette contradiction :

Seconde enquête : n° 18, page 2, avant-dernière ligne : *le 8 décembre 1847, dernier jour de la neuvaine, à huit heures moins un quart, je m'endormis pour la première fois depuis trente mois; à onze heures, une personne étrangère entra dans ma chambre, et ne sachant pas que je dormais, elle me réveilla. A mon réveil, je ne sentis plus de douleurs de tête; à une heure je me levai....... à 3 heures moins un quart, pressée par le sommeil, je me recouchai et je m'endormis jusqu'à quatre heures. Je me levai....* etc.

Jean-Baptiste-Urbain Gagnard, père de Pierrette Gagnard, dépose ainsi le 14 février 1848, seconde enquête, page 7, ligne 5.

Le matin du 8 décembre 1847, à huit heures, je fus surpris de l'entendre me dire qu'elle éprouvait un grand besoin de sommeil..... Je rentrai à deux heures; elle dormait...... Elle se rendormit encore dans la journée.

Telle est la contradiction signalée par votre conseil : selon sa déposition, P. Gagnard est levée depuis midi et demi jusqu'à trois heures moins un quart; selon son père, elle dort, lorsqu'à deux heures il rentre chez elle.

Cette contradiction a été le sujet d'une observation faite à M. le président de la commission, qui n'a pas répondu, que je sache.

Le 7 novembre, M. Darcy, par sa lettre n° 20, rappelle la promesse que voulut bien faire Monseigneur, d'examiner cette affaire et de porter un jugement sur les événements qui lui sont soumis.

Le même jour, Votre Grandeur m'a chargé de faire un nouvel examen de cette affaire, et de lui soumettre un rapport à ce sujet. Avis en a été donné le même jour à M. Darcy. C'est ce travail que j'ai l'honneur de vous présenter ; je devais commencer par rappeler l'historique qui a amené cette procédure ; je dois maintenant procéder à la discussion des faits relatifs aux guérisons.

Trois guérisons extraordinaires ont eu lieu à Avallon, et elles sont attribuées à l'invocation de Notre-Dame de la Salette :

La première est celle d'Antoinette Bollenat, âgée de 33 ans, ouvrière, guérie le 21 novembre 1847.

La seconde est celle de Marie-Pierrette Gagnard, âgée de 32 ans, guérie le 8 décembre 1847.

La troisième est celle de Louise Boblin, guérie également le 8 décembre 1847.

La commission que Votre Grandeur a nommée le 24 janvier 1848, pour procéder à une information juridique sur ces guérisons extraordinaires, a été unanime à reconnaître l'effet d'une protection surnaturelle dans la guérison de Louise Boblin ; mais cette guérison ne paraissant pas complète, et diverses circonstances pouvant donner prise aux critiques de l'incrédulité, la commission a cru ne pas devoir en faire l'objet d'une enquête ; elle a borné son travail aux deux guérisons d'Antoinette Bollenat et de Marie-Pierrette Gagnard.

Après avoir imploré l'assistance de l'Esprit-Saint, source de toutes lumières, j'ai, d'après votre ordre et en présence de Dieu, examiné avec la plus scrupuleuse attention les pièces relatives à la guérison extraordinaire de Marie-Pierrette Gagnard, les interrogatoires de la malade, les témoins, le rapport du médecin qui la traite. Le résultat de ce sérieux examen a été que cette guérison n'était pas de nature à pouvoir soutenir une discussion, et en conséquence, j'ai cru devoir refuser de présenter à Votre Grandeur, comme miraculeuse, une guérison qui ne présente pas à mes yeux le caractère du miracle.

Je dois vous rendre compte des raisons sur lesquelles repose mon jugement ; les voici :

1° Il ne m'est pas démontré que M.-P. Gagnard soit frappée de cécité ;

2° Je crois que l'on peut expliquer naturellement sa guérison sans avoir recours à l'intervention divine par un miracle.

1° Il ne m'est pas démontré que Marie-Pierrette Gagnard soit frappée de cécité.

Il me semble qu'il ne faut pas confondre deux accidents qui peuvent survenir à l'organe de l'œil : on peut perdre la *faculté* de voir, ou l'*usage* de la vue. Celui-là perd la faculté de voir qui, ou de naissance ou par une cause quelconque pendant sa vie, conservant quelquefois l'œil et toutes ses parties dans un état normal apparent, ayant même quelquefois les paupières ouvertes, ne voit plus les objets, n'est pas même sensible à l'impression du jour le plus brillant. Il est aveugle, il est privé de la *faculté* de voir.

On peut perdre l'*usage* de la vue, tout en conservant la faculté de voir, ou par une lésion du nerf optique, ou par un dérangement temporaire et accidentel du mécanisme de l'œil, ou parce que les paupières se sont fermées par un mouvement spasmodique et deviennent tellement adhérentes qu'aucune force ne puisse les faire ouvrir tant que dure l'affection.

Dans les cas que je cite, il n'y a pas précisément cécité dans la force du mot ; il y a privation de l'usage de la vue ; mais la faculté de voir existe toujours.

L'usage de la vue reviendra, en effet, lorsque la lésion n'existera plus, lorsque le mécanisme oculaire aura repris son état normal, lorsque les causes spasmodiques ayant cessé, la paupière pourra agir à la volonté de l'individu.

Ces principes posés, il ne m'est pas démontré que Marie-Pierrette Gagnard ait perdu la faculté de voir.

Telle est la déposition, seconde enquête, n° 18, page 1, ligne 30 :

Le 18 juillet 1845, j'éprouve dans l'œil l'impression d'un corps étranger ; toute la journée j'essayai de l'ôter. Le soir j'eus une fièvre violente ; les douleurs de tête furent plus intenses que jamais. Le matin, étant un peu soulagée, je vins à la messe ; pendant la messe, mon œil se ferma ; j'étais tout à fait aveugle.

Le médecin qui traite notre malade s'exprime ainsi le 21 janvier 1848, seconde enquête, supplément : 1845, 18 juillet, *sensation d'un corps étranger dans l'œil droit ; mouvement convulsif de cet organe qui ne laissait plus apercevoir que la sclérotique (une des membranes communes de l'œil). Le lendemain, la paupière supérieure s'était abaissée, et depuis lors aucun effort ne put l'entr'ouvrir malgré des tentatives assez violentes qui permettaient de voir tout au plus un millimètre du globe de l'œil roulant dans l'orbite d'une manière vraiment effrayante.*

Ainsi, d'après la déposition de la malade et d'après le témoignage du médecin qui la traite, on peut conclure qu'il y a chez le sujet, non pas affection ou lésion du nerf optique, ce qui serait plus grave, mais dérangement du mécanisme de l'œil, et paupières fermées par un mouvement spasmodique ou convulsif tel qu'on en rencontre fréquemment chez les femmes, et surtout chez celles qui sont hystériques ; mouvement qui constituerait la privation de l'usage de la vue, mais qui n'entraîne pas nécessairement la privation de la faculté de voir. Donc en premier lieu, il n'est pas démontré que Marie-Pierrette Gagnard soit frappée de cécité : premier motif qui nous porte à refuser de présenter comme miraculeuse la guérison de cette malade ;

2° Je crois que l'on peut expliquer naturellement

cette guérison sans avoir recours à l'intervention divine par un miracle.

D'après la déclaration du docteur Gagniard, seconde enquête, n° 18, supplément :

La demoiselle Gagnard était malade d'une *masse tuberculeuse ou cancéreuse du cerveau et de ses membranes. C'est une tumeur fibreuse ou autre abcédée, ou même abcès, située dans les sinus frontaux, comprimant les nerfs servant à la vision, et dont le pus s'est fait jour par un point quelconque de la base du crâne.*

Selon sa déposition, P. Gagnard a un cancer dans la tête; c'est la cause de la céphalalgie qu'elle éprouve. Elle rend souvent du sang, qui lui descend du cerveau dans la gorge. Au mois d'avril 1847, il vint avec beaucoup plus d'abondance; presque tous les jours elle salissait plusieurs serviettes. Ce sang devient de plus en plus fétide; elle le rejetait avec dégoût, surtout sur la fin. Les deux derniers mois, il était devenu si copieux qu'elle fut obligée de se servir par économie d'une cuvette. La nuit du 29 au 30….. (la déposition porte décembre, c'est évidemment novembre qu'il faut lire) *elle en rend une si grande quantité, qu'on lui dit que la cuvette en est remplie.*

Seconde enquête, n° 18, page 2, ligne 16 et suivantes.

Ne doit-on pas voir dans tout ce qui vient d'être dit, la marche naturelle du progrès du mal et de sa guérison?

En effet, selon le médecin, la malade a un abcès; mais tout abcès se termine naturellement par la suppuration, et lorsque la suppuration est parfaite, l'inflammation cesse, décroît, disparait entièrement, et, avec elle, les symptômes trop souvent effrayants, dont l'inflammation était cause, disparaissent, tantôt subitement, plus souvent avec gradation; mais trop souvent ces symptômes ne disparaissent complétement que longtemps après l'évacuation du pus et la cessation de l'inflammation.

N'est-ce point là ce qui est arrivé dans le cas qui nous occupe?

Cet abcès est dans la tête; il aura déterminé, si vous le voulez, une amaurose. Mais si la science dit que l'amaurose est incurable lorsqu'elle a pour principe la faiblesse, le dessèchement ou la paralysie du nerf optique, la science dit aussi que l'amaurose peut être guérie, lorsqu'elle est occasionnée par une surabondance d'humeurs qui compriment les diverses expansions de ce nerf.

Dans ce cas, le moyen curatif est double : la guérison peut être opérée par une évacuation factice excitée et produite par des vésicatoires, par un séton : or, P. Gagnard avait un séton et elle l'a encore; ou par une évacuation excitée par la nature qui d'elle-même, bien souvent, se débarrasse des matières purulentes qui nuisent; or, ces évacuations ont eu lieu en très-grande abondance dans le sujet : la malade et son médecin attestent ce fait. Donc encore ici il n'est point nécessaire de recourir à une intervention miraculeuse pour cette guérison; elle s'explique naturellement.

On peut nous objecter que cet écoulement purulent s'est prolongé pendant huit mois sans que la malade en ait éprouvé aucun soulagement; qu'il s'est arrêté précisément le 30 novembre, époque du commencement de la neuvaine et que la guérison n'a eu lieu que le 8 décembre suivant; que la vue aurait dû revenir ou subitement à la rupture des parois de l'abcès; ou par degrés, en suivant la fonte de la tumeur. Je réponds que tout ici peut encore s'expliquer d'une manière toute naturelle.

Il n'y a pas eu de soulagement pendant les huit mois que dure l'écoulement, parce que le foyer d'humeur n'était pas suffisamment débarrassé; la guérison ne se manifeste pas le 30, époque à laquelle disparaissent les évacuations purulentes, parce que l'inflammation dure encore et qu'il fallait à la nature plus de temps pour réparer les désordres occasionnés par cette masse abcédée. La rupture des parois de l'abcès devait nécessairement amener des évacuations abondantes qui ont eu lieu, mais elle ne devait pas nécessairement amener l'usage de la vue ou tout d'un coup, ou par degrés; non pas tout d'un coup, parce que la matière purulente, en quelque petite quantité qu'elle fût, entretenait une irritation inflammatoire.

J'admets volontiers que la guérison a dû s'opérer par degrés. En effet : la maladie commence par une céphalalgie très-intense ; l'abcès ou tumeur se forme ; il mûrit, comme on dit, communément; puis les parois se déchirent, le pus s'échappe, il coule pendant huit mois à différentes époques avec plus ou moins d'abondance; voilà une guérison qui avance avec gradation ; l'écoulement s'est arrêté; mais l'inflammation subsiste. Ici, pour la guérison de cette inflammation, une nouvelle gradation va être remarquée; c'est P. Gagnard qui parle encore :

Seconde enquête, n° 18, page 3, ligne.... et suivantes : *A son réveil, la lumière du jour la fatigue, ses yeux larmoient; elle est obligée de les couvrir de son mouchoir.* L'inflammation subsiste toujours, même depuis la cessation des évacuations, mais elle est moins forte, il y a amélioration dans sa position. Ses paupières sont encore fermées, mais déjà l'impression de la lumière, l'action du feu surtout se font sentir à l'appareil visuel. Elle continue son récit : *l'impression du feu la gêne encore plus que la lumière; son mouchoir est tout trempé de l'eau qui coule de ses yeux.* Elle s'est levée, se couche, se relève encore; elle éprouve le besoin du sommeil, parce qu'elle ne l'a pas goûté depuis longtemps et parce que le sommeil est un des plus puissants calmants de l'inflammation; elle est encore obligée de tenir son mouchoir devant ses yeux qui ne s'ouvrent enfin que lorsqu'elle les a rafraîchis en les frottant deux fois de suite avec l'eau que lui donne la sœur qui la visite.

Il est bien éloigné de moi, Monseigneur, de vouloir faire abstraction de l'action divine dans cette guérison ; je sais que le bras puissant de Dieu n'est pas raccourci ; que sa miséricorde et sa bonté sont au-dessus de toutes ses œuvres ; je sais qu'il ne peut rien refuser à sa sainte Mère qui s'appelle la Vierge puissante et le salut des infirmes. Sans doute, Dieu aura accordé une bénédiction particulière aux moyens curatifs employés par la science médicale ; mais Votre Grandeur pensera sans doute comme moi, qu'on ne peut admettre ici une guérison miraculeuse ; peut-être un miracle a pu être obtenu par la foi, par la piété de la malade, par sa tendre et entière confiance en la très-sainte Vierge ; mais on ne doit point admettre de miracle là où la raison et la science donnent des explications qui nous paraissent satisfaisantes ou du moins plausibles. Tel est le fait de la guérison de Marie-Pierrette Gagnard ; cette guérison ne sort pas des règles ordinaires et peut être opérée par les seules ressources de la nature. Donc on ne doit point y voir de miracle.

Après avoir porté notre jugement sur cette guérison, nous avons eu occasion de lire plusieurs passages de l'ouvrage de Benoît XIV, *De canonizatione sanctorum*, et nous avons été heureux de nous trouver tout à fait dans ses idées et de penser comme plusieurs célèbres médecins qu'il cite. *Bened. XIV, De canonizatio., lib. IV, pars prima, cap. IX, de cœcorum illuminatione quœ miraculo fit,* n° 29.

Je passe, Monseigneur, au second fait de guérison extraordinaire opérée sur la personne de Marie-Antoinette Bollenat. Ici le travail de l'examen me paraît plus difficile et je sens plus vivement encore le besoin de l'assistance de l'Esprit-Saint que j'invoque de nouveau.

Je dois d'abord établir les faits ; mais pour les établir je laisserai de côté les relations faites à différentes époques et imprimées dans *la Voix de l'Eglise;* je ne tiendrai pas compte des dépositions de la malade ; je n'établirai les faits que d'après le certificat fait et signé par M. Edme Gagniard, docteur-médecin de la faculté de Paris, qui exerce à Avallon et qui donne les soins de son art à la malade depuis 1830 jusqu'en 1847, pendant le cours de sa maladie qui a duré 19 ou 20 ans.

Marie-Antoinette Bollenat a 33 ans ; elle est d'un tempérament lymphatique et sanguin ; sa santé a été bonne jusqu'à l'âge de douze ans ; à cette époque, elle fut victime de sévices et d'un acte de violence où elle fut accablée de coups. La personne qui la maltraita lui appuya violemment le genou sur la poitrine et sur la région épigastrique.

A partir de ce moment, elle souffre toujours de l'estomac ; un an après, en 1828 (elle avait alors 13 ans), les vomissements commencent ; ils se continuent jusqu'en 1843. La malade rejette tout, même le bouillon, même une cuillerée de lait, même une cuillerée d'eau.

En 1840, des syncopes produites par la douleur se manifestent : le médecin découvre à la région épigastrique une tumeur qu'il juge squirrheuse. Cette tumeur présente la grosseur d'un œuf de poule, elle va toujours en augmentant. Les syncopes deviennent plus fréquentes, faiblesse, maigreur extrême, voix éteinte, fièvre, sueurs nocturnes, douleurs épigastriques atroces, figure hypocratique : tel est l'état de la malade jusqu'au mois de novembre 1847. Depuis huit jours on n'avait pu la changer de lit. Enfin, le 19 novembre, le médecin quitte sa malade, en prévenant les parents qu'il ne pouvait plus rien faire, que tout remède était inutile, et qu'il fallait laisser mourir cette pauvre fille en repos ; ce qui ne pouvait tarder.

Le 20 novembre, le médecin ne va pas chez la malade. Le 22, on vient lui dire que le 21 au soir elle était guérie. Le médecin ne croit pas à la guérison. Il se rend le 23 chez la malade qui vient à sa rencontre. Elle marche, digère, ne souffre plus. La région abdominale est palpée avec force et attention; plus de douleurs, plus de tumeur; il fallut bien, dit-il, me rendre à l'évidence. (Relation de la guérison de mademoiselle Marie-Antoinette Bollenat, n° 15, page 7, extrait du rapport de M. Edme Gagniard, docteur-médecin.)

Après cet exposé, le médecin résume ainsi :

1° Depuis dix-sept ans, A. Bollenat vomissait tout ce qu'elle mangeait, digérait à peine quelques cuillerées de lait ou de bouillon. Les trois derniers mois, jusqu'au 21 novembre, elle ne digérait plus rien;

2° Depuis trois ans, A. Bollenat n'a pas marché; elle est restée sur son dos, pouvant à peine faire exécuter quelques légers mouvements à ses membres inférieurs;

3° Depuis dix ans, A. Bollenat ne pouvait se coucher sur son côté gauche; elle était presque entièrement privée de sommeil;

4° Depuis dix-neuf ans, les douleurs d'estomac, insupportables sur la fin, n'avaient jamais cessé;

5° Depuis sept ans, une tumeur énorme existait à

1° Le 21 novembre, à six heures du soir, sans transition aucune, sans qu'aucune crise se soit manifestée, elle mange et digère très-bien un fort potage, des légumes et des fruits;

2° Le 21 novembre, A. Bollenat se lève, met ses vêtements, ses bas, se promène dans sa chambre;

3° Le 21 novembre, A. Bollenat se couche sur le côté gauche et dort toute la nuit;

4° Le 21 novembre, il ne reste plus aucune douleur à la région épigastrique, ni à aucune autre partie de l'hypocondre gauche;

5° Le 21 novembre, la tumeur a complètement

la partie supérieure, moyenne et latérale du ventre, et depuis longtemps je n'employais plus aucune espèce de médication, soit pour guérir cette tumeur, soit pour en arrêter le développement;

6º Le 19 novembre 1847, A. Bollenat présentait tous les symptômes d'une mort prochaine.

disparu; aucun mouvement critique, aucun écoulement quelconque, purulent ou autre, n'avait eu lieu par aucune voie;

6º Le 21 novembre et jours suivants, nous l'avons vue, pleine de santé.

En foi de quoi j'ai délivré le présent certificat que je déclare sincère et véritable.

Avallon, 4 décembre 1847.

GAGNIARD, D. M. P.

(Relation de la guérison, nº 15, page 8, ligne 19 et suivantes; Certificat du docteur Gagniard, signé de sa main, nº 10, page 3, ligne 23 et suivantes; page 4, ligne 1 et suivantes.)

Voilà les faits sur lesquels la Commission nommée par Votre Grandeur devait faire une enquête; voilà les faits qu'elle a recueillis de la bouche de la malade, de son médecin et de sept témoins.

Votre Commission reconnaît dans la malade un caractère de simplicité, de franchise, de piété, qui ne peut faire soupçonner la fraude. Elle est connue d'un grand nombre d'habitants de la ville d'Avallon qui l'ont visitée, qui l'ont vue dans son état de souffrance et qui jamais n'ont élevé le moindre doute sur sa probité, sur sa sincérité. D'ailleurs, est-il possible de feindre une maladie pendant dix-neuf ans, de se procurer à volonté des vomissements, de simuler une tumeur qui est palpée par la main d'un médecin plus à même qu'aucune autre personne de découvrir la fraude. (Rapport nº 19, I.)

Les témoins appelés par votre Commission sont de

l'espèce de ceux que la justice humaine est heureuse de rencontrer et qui lèvent tous les doutes. Ils sont connus et estimés par leurs qualités personnelles, par leurs bonnes œuvres. Ils ont vu la malade, non pas une fois en passant, ils l'ont connue pour la plupart dès son enfance; ils ont été témoins de l'invasion de la maladie; ils en ont suivi les progrès; ils ont vu la guérison, ils l'attestent; aussi, ils ne varient pas dans leurs dépositions. Appelés et entendus isolément, ils s'accordent sur les circonstances même secondaires. Quel intérêt peuvent-ils avoir à tromper? Aucun. Ils ne retireraient aucun avantage de la guérison, pas plus qu'ils n'avaient d'intérêt à la maladie. Ils n'ont pu être trompés, ils n'ont pu tromper, quand même ils eussent voulu le faire : leur témoignage est donc recevable. (Rapport, n° 19, II, III.)

La guérison arrive dans le temps où elle était attendue, non pas par le médecin qui déclare qu'*il ne peut plus rien faire, que tout remède est inutile, qu'il faut laisser mourir cette pauvre fille en repos, ce qui ne peut tarder* (n° 15, certificat du docteur Gagniard, page 8, lignes 4, 5.); mais elle arrive cette guérison au moment où elle était demandée par la prière et l'invocation de Marie, et attendue par la foi et la piété; elle arrive lorsqu'on n'attend plus que le dernier soupir de la malade, à la fin d'une neuvaine faite en l'honneur de la très-sainte Vierge, sous l'invocation de Notre-Dame de la Salette ; la malade passe subitement de l'agonie à la santé, du dégoût de tout aliment et de l'incapacité prouvée d'en digérer aucun, à un excellent appétit et à un jeu parfait des organes digestifs, de la plus complète insomnie à un sommeil calme et profond, et la tumeur qui existait, disparaît pour ne plus reparaître. (Rapport, n° 19, V, VI.)

Aussi, votre Commission conclut-elle à admettre dans cette guérison, qui, pendant dix-neuf ans, a été demandée à la science et que la science n'a pu opérer, une intervention surnaturelle, un miracle (Rapport, n° 19, VII.)

Telle est aussi mon opinion, Monseigneur; cette guérison est miraculeuse. Il y a ici un véritable miracle, proposition que, d'après les principes théologiques, nous allons établir, je l'espère, d'une manière convaincante pour la gloire de Dieu et de la très-sainte Vierge, à l'intercession de laquelle est dû ce miracle.

Dans son ouvrage *De canonizatione sanctorum*, *lib.* IV, *pars* 1, *cap.* 8, *n°* 2, Benoît XIV s'exprime ainsi, sur les conditions nécessaires pour qu'une guérison soit considérée comme miraculeuse :

« Ut sanatio à morbis inter miracula recenseatur, plura debent occurrere :

» *Primum* est ut *morbus* sit gravis, et vel *impossibilis*, vel curatu *difficilis ;*

» *Secundum*, ut morbus qui depellitur, non sit in ultimâ parte statûs, ita ut non multò post declinare debeat ;

» *Tertium*, ut nulla fuerint adhibita medicamenta, vel si fuerunt adhibita, certum sit ea non profuisse ;

» *Quartum*, ut sanatio sit subita et momentanea ;

» *Quintum*, ut sanatio sit perfecta, non manca aut concisa ;

» *Sextum*, ut nulla notatu digna evacuatio, seu crisis præcedat temporibus debitis, et cum causâ ; si enim itâ accidat, tunc verè prodigiosa sanatio dicenda non erit, sed vel ex toto, vel ex parte naturalis ;

» *Ultimum*, ut sublatus morbus non redeat. »

D'après ces principes, établissons que dans la guérison d'Antoinette Bollenat se trouve tout ce qui est requis pour un miracle.

1° Dans la maladie d'Antoinette Bollenat, nous trouvons cette gravité du mal, cette difficulté, disons mieux, cette impossibilité de guérison.

Gravité de la maladie dans sa *cause*, dans sa *durée*, dans ses *effets*.

Cette maladie est grave dans sa *cause*. Elle survient à la suite de violences exercées sur le sujet à un âge où les femmes sanguines surtout courent de grands risques pour leur santé, où les impressions peuvent avoir les résultats les plus graves. *Marie-Antoinette Bollenat, d'un tempérament lymphatique et sanguin, fut à l'âge de douze ans jetée par terre et accablée de coups par une femme qui lui appuya violemment le genou sur la poitrine et sur la région épigastrique* (n° 10, rapport du docteur Gagniard, page 1, ligne 5 et suivantes). Cette cause est grave évidemment, et elle est la véritable cause de sa maladie : *A partir de ce moment, elle a toujours souffert de l'estomac, et un an après, en 1828, les vomissements commencent et se continuent avec quelques rares intermittences* (n° 10 id. ibid., ligne 9 et suivantes).

Cette maladie est grave dans sa *durée*. Elle a duré dix-neuf ans depuis son invasion, en 1828, *par des douleurs d'estomac qui n'ont jamais cessé* jusqu'à sa guérison arrivée le 21 novembre 1847. C'est là ce qu'attestent le médecin, la malade, les témoins (n° 10 id. ibid., page 4, cot. I, ligne 6 et suivantes).

Cette maladie est grave dans ses *effets*. Elle présente de tels *vomissements que le moindre aliment, une cuillerée de lait, de bouillon, d'eau même, était rejetée. Ce sont des douleurs d'estomac qui deviennent intolérables au moindre contact qui suffit pour produire des syncopes fréquentes et prolongées; c'est une tumeur d'une nature squirrheuse qui se présente à la région épigastrique, de la grosseur d'un œuf de poule et qui va toujours en augmentant; la voix s'éteint et ne dépasse plus le bord des lèvres; état de maigreur et de faiblesse extrême; fièvres, sueurs nocturnes; pendant trois ans la malade ne marche plus, elle garde le lit; obligée de coucher sur le dos, elle ne peut rester sur le côté gauche; elle peut à peine faire exécuter quelques légers mouvements à ses membres inférieurs; elle est presque entièrement privée de sommeil.* (N° 10, rapport du docteur Gagniard.)

Cette maladie présente donc en premier lieu le premier caractère qui doit servir à établir le miraculeux d'une guérison, la gravité : *Morbus sit gravis.*

Cette maladie est impossible ou au moins difficile à guérir. La science médicale, il faut bien en convenir avec un grand nombre de médecins distingués, est encore une science peu avancée; elle ne repose que sur des conjectures et des probabilités. Ce n'est que d'après des phénomènes divers que l'expérience fait connaître comme signes caractéristiques de telle ou telle maladie, que la thérapeutique entrevoyant l'indication de tel ou tel remède, peut en faire usage pour soulager le malade. Lorsqu'il s'agit d'une maladie des organes intérieurs, où l'œil ne peut pénétrer, où la main ne peut atteindre, la guérison devient difficile, quelquefois même impossible; et, s'il y a lésion de quelques organes essentiels à la conservation de l'individu, la guérison devient plus difficile encore. Dans les affections de l'appareil digestif, la guérison radicale est difficile; elle est rare, quelquefois impossible; mais cette difficulté, cette impossibilité, sont constatées d'une manière plus frappante dans les affections graves de cet appareil ou dans son entier, ou dans ses parties essentielles. C'est ainsi que la guérison est impossible dans les gastrites intenses, aigües, même dans les gastrites, lorsque l'inflammation grave s'étend jusqu'au cercle charnu qui ferme l'orifice extérieur de l'estomac, le pylore; le malade succombe à la suite de vomissements affreux.

Or, dans le sujet qui nous occupe, la maladie présente ces caractères. Il y a lésion grave de quelque organe principal de l'appareil digestif; lésion opérée sans aucun doute dans l'acte de pression violente exercée sur le sujet, à l'âge de douze ans, ainsi qu'il conste de sa déclaration, des dépositions des témoins et du certificat du médecin qui la soigne. L'estomac ne peut plus faire ses fonctions ordinaires; les vomissements paraissent, se succèdent, augmentent de fréquence. *Une cuillerée de lait, de bouillon, d'eau même était rejetée.* Il y a tumeur squirrheuse du côté gauche; elle augmente de volume. Le médecin soigne la malade; il a recours à toutes les ressources de son art et la maladie résiste; elle résiste pendant de longues années; elle s'aggrave de plus en plus. Le médecin n'espère plus rien, il annonce sa prochaine fin: *Il faut laisser mourir en paix cette pauvre fille.* (N° 15, rapport du docteur Gagniard, page 8, lignes 4, 5.)

Il y a donc ici impossibilité de guérison, ou bien si, eu égard à la puissance inconnue des ressources de la nature, l'impossibilité ne peut être constatée, on ne peut refuser d'admettre une grande difficulté. Donc, en premier lieu, il y a ici, et gravité dans la maladie, et grande difficulté, pour ne pas dire, impossibilité dans la guérison.

2° Pour qu'une guérison soit réputée miraculeuse, il est requis que la maladie ne soit pas parvenue à son dernier période, en sorte qu'elle doive ensuite diminuer successivement d'intensité, et céder peu à peu, soit à la puissance des remèdes, soit à la force de la nature qui travaille continuellement à sa conservation; soit enfin parce que le mal est usé pour ainsi dire et que la maladie a terminé son cours après avoir parcouru successivement ses différentes phases.

Secundum, ut morbus qui depellitur non sit in ultimâ parte statûs, ità ut non multò post declinare debeat (Benèd. XIV, de canoniz. sanctor. lib. IV, § 1, cap. 8, art. 2.)

Le résultat ordinaire d'une maladie grave est ou la guérison ou la mort. La guérison suivra le dernier paroxysme si le malade peut supporter ce dernier accès; s'il ne peut le supporter, la mort viendra nécessairement; et, si le malade se trouve, soit par la longueur de la maladie, soit par la gravité des accidents qui en résultent, soit à cause de la disparition des forces ou par toute autre cause, dans des conditions telles qu'il ne puisse résister à un accès selon les règles ordinaires de la nature, cet accès devient pour lui le dernier, il doit périr; et s'il ne succombe pas, il y a évidemment, sinon infraction aux lois ordinaires de la nature, au moins acte outre les lois ordinaires de la nature : *si non contra, saltem prœter naturam*, il y a miracle.

Or, la maladie d'Antoinette Bollenat, qui dure depuis dix-neuf ans, présente des caractères de gravité que nous avons reconnus, se trouve au dernier période d'intensité qui exige la guérison ou la mort. Ce n'est pas une maladie qui finit, c'est une maladie qui augmente. Le mal se développe de plus en plus; les forces de la malade disparaissent; elle tombe dans des syncopes longues et fréquentes; sa faiblesse est extrême; sa voix ne dépasse plus le bord de ses lèvres; la diète absolue, les fièvres, les sueurs nocturnes l'ont tellement affaiblie que depuis huit jours on n'a pu la changer de lit; la tumeur est tellement douloureuse que le médecin est obligé de renoncer à la palper. (N° 15, rapport, page 7, alinéa 5, 6.) Voilà bien la maladie au dernier degré d'intensité; il n'y a donc plus à attendre que la guérison ou la mort. Les conditions dans lesquelles se trouve Antoinette Bollenat, peuvent-elles faire penser que la malade y résistera? Le médecin ne le pense pas. Il annonce sa mort. (N° 15, page 8, ligne 4.) C'est le sentiment de Joséphine Boivin, femme Bollenat, sa belle-sœur (n° 17, page 5, ligne 13), de Claudine Boivin (n° 17, page 6, ligne 24), d'Edme Bollenat, son frère (n° 17, page 7, lignes 7 et 8). Selon le témoignage de toutes les personnes qui l'ont vue, elle est au plus mal. C'est le 20 novembre qu'elle se trouve dans cet état; la petite amélioration que l'on aperçoit dans sa position consiste dans une respiration moins gênée (n° 17, déposition de la femme Saunois sa sœur, page 8, lignes 7, 8), et le 21 novembre elle est guérie.

Antoinette Bollenat ne pouvait recouvrer la santé, et à raison de sa maladie et à raison de sa position, la maladie ne pouvait pas diminuer; elle a été guérie lorsque, selon toutes les probabilités, elle devait mourir ; sa guérison est donc miraculeuse.

3° Pour établir le miraculeux dans une guérison, il faut, continue Benoît XIV, qu'on n'ait employé pour procurer cette guérison, aucune espèce de médicaments, ou qu'il soit démontré comme certain que les médicaments, si on en a fait usage, n'ont été d'aucune utilité : *Tertium, ut nulla fuerint adhibita medicamenta ; vel si fuerunt adhibita, certum sit ea non profuisse.*

Depuis dix-neuf ans, Antoinette Bollenat a été traitée, et depuis dix-sept ans surtout par le même médecin qui a suivi les phases de sa maladie (n° 15, relation page 7, ligne 15 et suivantes). Elle a, par conséquent, été médicamentée, et sans doute d'une manière énergique. On a donc fait usage des moyens curatifs. Un traitement a été suivi : pas de difficultés sur ce point. Le point de la question est donc ici : doit-on, peut-on attribuer à la médication suivie sur Antoinette Bollenat sa guérison du 21 novembre?

Les médicaments peuvent opérer de plusieurs manières sur les sujets auxquels on les applique : ou immédiatement après leur application ou leur absorption, ou après un certain laps de temps plus ou moins long. Dans le premier cas, on pourrait expliquer naturellement une guérison même subite de certaines maladies, si on avait par exemple fait usage d'une médication très-énergique. Plus souvent la médication, les médicaments eux-mêmes, n'agissent qu'après un certain temps et par degrés ; dans ce cas, la maladie perd peu à peu de son intensité; l'ordre se rétablit insensiblement dans l'économie animale; la convalescence commence; on voit peu à peu disparaître les phénomènes morbides, l'appétit renaître et les forces reprendre avec une nourriture plus substantielle.

Depuis dix-sept ans, traitée par le même médecin, Antoinette Bollenat n'a éprouvé aucun effet sensible en mieux. La médication n'a donc pas opéré une guérison subite; d'ailleurs, l'évidence est là, le 21 novembre on attend sa mort. Doit-on attribuer sa guérison subite (nous le démontrerons plus bas) à la suite de la médication? Nous ne le pensons pas. Car la maladie ne cède pas, l'état de la malade ne s'améliore pas, il empire tous les jours, sa position devient de plus en plus alarmante, les douleurs épigastriques sont plus vives, les syncopes plus fréquentes, la tumeur plus volumineuse et plus douloureuse. La médication a donc été inutile jusqu'à présent. *Des bains ont été employés avec succès pendant quelque temps, en 1846, pour diminuer l'enflure du ventre, mais seulement pendant quelques jours; depuis, ils ne produisirent aucun effet.* (N° 17, page 2, ligne 22 et suivantes.)

Mais un premier *abcès intérieur qui, pendant l'automne de 1846, s'était formé au côté droit de la malade* (ainsi qu'elle le raconte elle-même) (n° 17, page 2, ligne 18 et suivantes), céda sans doute aux résolutifs, aux émollients employés et se termina par *des vomissements de matières purulentes*. Ne doit-on pas conclure que l'art avait agi d'une manière assez énergique pour parvenir à ce résultat, et que par des moyens aussi énergiques et plus énergiques encore, on aurait pu parvenir au même résultat pour la tumeur du côté gauche; et que, de même que la médication a été utile pour l'abcès du côté droit, elle l'aurait été également pour la tumeur squirrheuse.

Faisons remarquer que l'abcès se termine ordinairement par la suppuration qui débarrasse des humeurs qui occasionnaient l'inflammation et soulage ainsi la malade, tandis que le squirrhe, qui est une tumeur dure, atteint quelquefois la solidité du cartilage, et, lorsqu'il ne dégénère pas en cancer, résiste quelquefois aux traitements même les plus énergiques.

Nous admettons que le premier abcès a cédé aux moyens curatifs employés ; soit : mais la tumeur dont il s'agit n'a pas cédé ; bien loin de céder, le mal augmente et le médecin qui déclare que *depuis longtemps il n'employait plus aucune espèce de médication, soit pour guérir cette tumeur, soit pour en arrêter le développement* (n° 15, page 8, 1e col., ligne 39 et suivantes), confesse évidemment, sinon l'impuissance, au moins l'inutilité actuelle des ressources de son art dans le cas qui nous occupe.

Quelques jours avant la guérison, le 16 novembre, on fait à la malade, par ordre du médecin, une application de sangsues ; le lendemain 17, on applique sur la tumeur un vésicatoire. N'est-ce pas à ces derniers moyens que l'on doit attribuer la guérison de la malade ? Mais ici revient encore la réponse précédente : ou ces moyens ont agi subitement ou par degrés ; ils n'ont pas agi instantanément, la preuve en est évidente : le 21 novembre, la malade est au plus mal ; ils n'ont pas agi par degrés et n'ont pas amené la guérison ; car le 21 novembre, *à deux heures* après midi, quelques heures avant sa guérison, la femme Bollenat, essayant de lui *ôter le coton par lequel on avait remplacé le vésicatoire, touche cette tumeur qui était énorme*. (N° 17, déposition de Joséphine Boivin femme Bollenat, page 5, ligne 6 et suivantes.)

Claudine Boivin dépose qu'elle vit et toucha cette tumeur pour la première fois *il y a trois ou quatre ans ; mais c'était si douloureux que je ne pus que passer légèrement la main sur le mal ; cependant, je sentis bien une grosseur. Alors elle échappait encore à la vue; mais il y a deux ans qu'elle devint de plus en plus visible; elle formait une tête grosse comme le poing.*

Le témoin qui soigne habituellement la malade a vu *la tumeur presque tous les jours de la dernière semaine, et particulièrement le jour de la guérison, autour de deux heures, au moment où je cherchais à lui ôter le coton qu'on lui avait appliqué sur la place du vésicatoire. Je ne me suis aperçue d'aucune diminution dans la grosseur de cette tumeur, pas plus ce dernier jour que dans les précédents.* (N° 17, déposition de Claudine Boivin, page 6, ligne 11 et suivantes.)

Enfin, le docteur Gagniard déclare qu'il a toujours regardé la maladie comme incurable, et qu'en ordonnant l'application des sangsues et le vésicatoire, il avait pour but de retarder l'agonie. (N° 17, page 12, ligne 8 et suivantes.)

Il est donc démontré que les médications dont on a fait usage sur Antoinette Bollenat n'ont eu et ne pouvaient avoir aucun résultat pour sa guérison; cette guérison présente donc le troisième caractère d'une guérison miraculeuse.

4° La guérison miraculeuse doit être opérée subitement et dans un instant : *Quartum, ut sanatio sit subita et momentanea.*

Ici notre tâche devient beaucoup plus facile; il ne s'agit plus de discuter, mais d'établir un fait, ou plutôt de le poser simplement; car toute la question est là.

Antoinette Bollenat était sérieusement, gravement malade; les remèdes employés ont été infructueux; on n'attendait plus que son dernier soupir. Tout cela avait lieu le 21 novembre 1847, vers six heures du soir, et à six heures du soir elle est rendue à la santé. Qui atteste ce fait? La malade elle-même. Et nous avons vu ce que nous devons penser de sa véracité :

son caractère est connu de tout le monde. Qui atteste ce fait? C'est Joséphine Boivin, sa belle-sœur; c'est Claudine Boivin; c'est Edme Bollenat son frère; c'est la femme Saunois, présente au moment de la guérison; c'est la dame veuve Barbe, la dame veuve Lairot, qui ont vu Antoinette Bollenat le lendemain de sa guérison, et nous avons établi plus haut, sur les rapports de la Commission d'Avallon, que ces témoins, dignes de foi, n'avaient pu se tromper, n'avaient aucun intérêt pour tromper, et n'auraient pas pu induire en erreur, quand même ils auraient voulu le faire ; et nous en concluons que puisqu'ils attestent que la guérison a été subite et instantanée, cette guérison doit être regardée comme telle. Antoinette Bollenat a été vue les jours suivants par un grand nombre de personnes, elle a reçu de nombreuses visites. La curiosité a joué son rôle : on a voulu voir, on a vu et on est demeuré convaincu de la guérison, et de la guérison subite et instantanée.

Mais ce qui achève de former notre conviction, c'est le résumé que le docteur Gagniard fait de ses observations personnelles en ces termes (N° 15, page 8, ligne 18.) :

RÉSUMONS.

1° Depuis dix sept ans, Antoinette Bollenat vomissait tout ce qu'elle mangeait, digérait à peine quelques cueillerées de lait ou de bouillon. Les trois derniers mois, jusqu'au 21 novembre, elle ne digérait plus rien ;	1° Le 21 novembre, à six heures du soir, sans transition aucune, sans qu'aucune crise se soit manifestée, elle mange et digère très-bien un fort potage, des légumes et des fruits ;
2° Depuis trois ans, Antoinette Bollenat n'a pas marché; elle est restée sur	2° Le 21 novembre, Antoinette Bollenat se lève, met ses vêtements,

son dos, pouvant à peine faire exécuter quelques légers mouvements à ses membres inférieurs ;

3° Depuis dix ans, Antoinette Bollenat ne pouvait se coucher sur son côté gauche ; elle était presque entièrement privée de sommeil ;

4° Depuis dix-neuf ans, les douleurs d'estomac, insupportables sur la fin, n'avaient jamais cessé ;

5° Depuis dix-sept ans, une tumeur énorme existait à la partie supérieure moyenne et latérale du ventre, et depuis longtemps je n'employais plus aucune espèce de médications, soit pour guérir cette tumeur, soit pour en arrêter le développement ;

6° Le 19 novembre 1847, Antoinette Bollenat présentait tous les symptômes d'une mort prochaine.

ses bas, se promène dans sa chambre ;

3° Le 21 novembre, Antoinette Bollenat se couche sur le côté gauche, et dort toute la nuit ;

4° Le 21 novembre, il ne reste plus aucune douleur à la région épigastrique, ni à aucune autre partie de l'hypocondre gauche ;

5° Le 21 novembre, la tumeur a complétement disparu ; aucun mouvement critique, aucun écoulement quelconque, purulent ou autre, n'avait eu lieu par *aucune voie.*

6° Le 21 novembre et jours suivants, nous l'avons vue pleine de santé.

La guérison d'Antoinette Bollenat présente donc la quatrième condition de la guérison miraculeuse, elle est subite et instantanée.

5° Une guérison pour être réputée miraculeuse, dit Benoît XIV, doit, en cinquième lieu, être complète : *Quintum, ut sanatio sit perfecta, non manca aut concisa.*

Elle ne doit pas être opérée à moitié, sur une infirmité et non sur une autre, mais elle doit renfermer dans sa généralité toutes les infirmités réunies sur le sujet qui est l'objet de la guérison; or, tel est encore le caractère de la guérison d'Antoinette Bollenat.

1° Le siége du mal chez la patiente était l'estomac; c'était une grave lésion des organes digestifs; elle ne pouvait conserver, digérer aucune espèce de nourriture, même les plus simples et les plus légères;

2° Par suite de cette lésion, elle endurait jour et nuit des douleurs atroces qui ne lui permettaient pas de fermer l'œil, moins encore de prendre le plus petit repos;

3° Elle ne pouvait marcher depuis trois ans; elle demeurait couchée sur le dos; c'est tout au plus si elle pouvait faire exécuter le moindre mouvement à ses membres inférieurs;

4° Une tumeur squirrheuse existait à la partie supérieure moyenne et latérale du ventre; elle était extrêmement sensible au toucher; le plus léger attouchement occasionnait de si violentes douleurs qu'elle excitait les cris de la malade et provoquait de fréquentes et longues syncopes.

Un vésicatoire a été appliqué sur cette tumeur; il a dû occasionner les accidents naturels; une dernière application de sangsues a été faite et laissa nécessairement sur la place des traces non équivoques de morsures bien faciles à reconnaître. Ces piqûres ont été soignées comme elles devaient l'être; le vésicatoire a été recouvert de coton; tout cela a été vu, attesté; mais après la guérison, c'est-à-dire, le 21, à six heures du soir, tout a disparu.

L'estomac a repris ses fonctions ordinaires; il digère facilement, et sans aucun travail pénible, non pas une nourriture simple et légère comme quelques infusions édulcorées, mais *une soupe au bœuf et au porc salé, des légumes et quelques châtaignes*, c'est-à-dire, une nourriture qui suppose absence de lésion dans les organes de l'appareil digestif : nourriture qui, eu égard au long temps écoulé depuis que la malade ne prenait aucun aliment solide, était de nature à lui donner une violente indigestion, et cet accident n'a pas lieu, et les fonctions digestives se font naturellement.

Elle se couche à neuf heures ; elle ne ressent aucune douleur, et celle qui depuis longtemps n'avait pu dormir, dort d'un profond et paisible sommeil ; elle dort jusqu'à cinq heures du matin, encore fut-elle réveillée à cette heure.

Antoinette Bollenat se lève, fait quelques pas, remonte sur son lit, en redescend, marche dans sa chambre, s'assied auprès du feu, se met à table, se met à genoux pour faire sa prière et se remet au lit sans efforts, sans douleur ; elle se tient couchée au lit sur le côté autrefois malade, et elle ne pouvait marcher depuis trois ans !

La tumeur squirrheuse qui existait à la partie supérieure moyenne et latérale du ventre a disparu ; il n'en reste plus aucune trace ; plus de traces du vésicatoire ; plus de traces des sangsues ; et la place de cette tumeur abdominale, autrefois si douloureuse, est palpée avec force et avec le plus grand soin par le docteur Gagniard, et cette forte pression n'excite aucune douleur et le médecin ne découvre plus de tumeur..... Elle a disparu.

Une particularité m'avait frappé dans l'examen approfondi que je dus faire des dépositions. Antoinette Bollenat, dans son interrogatoire (n° 17, page 2, ligne 28) avait ainsi déposé : *Je restais toujours sur le dos malgré les plaies qui s'y formaient.* Elle seule parle de cette particularité. Je voulus savoir quelle était la situation de l'épine dorsale par le décubitus prolongé avant la guérison, et ce qui avait pu être remarqué après la guérison ; si les plaies avaient demandé quelques soins particuliers ou si elles avaient été guéries en même temps que la tumeur, en même temps que disparurent les autres accidents.

J'en écrivis à M. l'archiprêtre d'Avallon qui, dans sa lettre du 10 décembre 1848 (n° 21), me répondit qu'*Antoinette Bollenat lui a certifié que le matin du jour de sa guérison, toute l'échine et les deux épaules étaient entamées; que chaque fois qu'il fallait la changer de chemise, il fallait la déchirer, parce que celle qu'elle quittait était collée après les chairs; quelquefois même le drap était aussi collé. A partir du moment de sa guérison, elle n'a plus rien souffert, et personne, ni elle ni d'autres, n'a regardé pour voir l'état de ses anciennes plaies; comme elle ne souffrait plus, elle ne s'en est pas le moins du monde occupée.*

Cette particularité qui semblait petite au premier coup d'œil, m'a paru très-importante; elle établissait d'un côté une blessure grave qui pouvait avoir de funestes suites, si la gangrène venait à gagner, comme il n'arrive que trop souvent; et de l'autre, dans le cas où les plaies auraient été guéries en même temps que la maladie, cette guérison subite était une preuve de plus qui établissait que la guérison avait été totale et complète, non-seulement dans ce que la maladie présentait de plus grave et de plus sérieux, mais encore dans des accidents qui, au premier abord, paraissent présenter peu d'importance.

Or, la déposition simple et naïve d'Antoinette Bollenat, qui déclare que *comme elle ne souffrait plus, elle ne s'en est pas le moins du monde occupée*, me fait admettre cette nouvelle preuve de guérison totale, et, en présence de ces faits, je puis et je dois donc encore conclure que la guérison d'Antoinette Bollenat présente le cinquième caractère d'une guérison miraculeuse.

6° *Sextum, ut nulla notatu digna evacuatio seu crisis præcedat temporibus debitis et cum causâ; si enim ità accidat, tunc verè prodigiosa sanatio dicenda non est, sed vel ex toto, vel ex parte naturalis. Sic Bened. XIV.*

Ainsi, d'après ces principes, point de guérison miraculeuse lorsqu'une guérison est précédée d'une évacuation abondante, soit périodique, soit autre, déterminée par une cause existante; car dans ces circonstances la guérison doit être considérée comme naturelle, en tout ou en partie.

La nature a une puissance et des ressources dont on ne peut connaître toute l'étendue; elle tend à sa conservation de toutes ses forces. C'est cette impression, qu'elle a reçue du Créateur, qui la dirige dans ses opérations et qui la fait se débarrasser souvent avec de grands efforts de tout ce qui peut lui nuire. C'est ainsi qu'à certaines époques de l'année, et notamment au printemps, il se fait chez les sujets sanguins, sans efforts, sans douleurs, souvent sans cause apparente, par les fosses nasales une émission sanguine qui procure un bien-être réel, et rejette une surabondance de sang qui pouvait occasionner des céphalalgies, des vertiges, et quelquefois des congestions cérébrales. C'est ainsi qu'un estomac trop chargé d'aliments ou d'humeur, rejette avec force, avec violence, toujours avec de grandes douleurs et des symptômes alarmants, les matières qui nuisent à son bien-être ou à ses opérations; c'est ainsi que dans une blessure occasionnée par l'introduction d'un corps étranger, l'inflammation et la suppuration qui surviennent, ont le double résultat d'expulser le corps étranger et de préparer les lèvres de la plaie à se rapprocher et à s'unir pour se cicatriser.

Chez les personnes sujettes à un flux périodique, soit homorroïdal soit utérin, la suppression subite de ce flux entraîne des désordres graves dans l'économie animale; au contraire, l'ordre se rétablit à la suite du rétablissement de ce flux; aussi, dans toute espèce de maladies, l'art s'applique-t-il à connaître si précédemment il existait quelque évacuation, quelque écoulement, s'il s'est arrêté, s'il a diminué; on s'efforce par des emménagogues, des vésicatoires, de provoquer le retour de ces évacuations dans la juste persuasion où l'on est, que le retour de ces évacuations purulentes ou sanguines ramènera la santé en faisant disparaître les causes morbides posées par leur suppression.

Nous avons dit plus haut que l'abcès ou la tumeur abcédée devait naturellement et ordinairement se terminer par la suppuration. Déjà, dans Antoinette Bollenat, une première tumeur a disparu par une évacuation abondante qui a emmené et la source du mal et le mal lui-même. Dans la guérison qui nous occupe actuellement, nous voyons encore une tumeur; cette tumeur, primitivement de la grosseur d'un œuf ordinaire, prend bientôt un développement considérable; c'est un énorme bourrelet qui se prolonge vers la région épigastrique. Nous avons vu que les médications n'ont produit aucun effet, même l'application d'un vésicatoire volant, même l'application des sangsues : remèdes employés par le médecin pour reculer l'agonie, comme il l'écrit lui-même.

Or, cette tumeur disparaît; il n'en reste plus de traces; elle disparaît avec la douleur, et une évacuation, le seul fait qui pouvait amener la guérison, n'a pas lieu.

Cette tumeur devait se résoudre ou intérieurement ou extérieurement : dans l'un ou l'autre cas, cette résolution devait amener une évacuation proportionnée à la grosseur de la tumeur, évacuation de sang ou de matières purulentes, selon la nature.

La résolution intérieure devait amener l'évacuation par les voies ordinaires. La résolution extérieure devait nécessairement laisser de nombreuses et larges taches sanguinolentes ou purulentes sur le linge de la malade, sur les draps de son lit: or, aucune évacuation intérieure n'a eu lieu; c'est le témoignage du docteur Gagniard : *Aucun mouvement critique, aucun écoulement quelconque purulent ou autre n'avait eu lieu par aucune voie* (N° 15, page 8, 2e col., ligne 35 et suivantes).

Nous ne nous sommes pas contentés de cette déclaration. Nous avons pensé que peut-être on avait pu cacher au médecin des accidents de cette nature; qu'on avait fait disparaître le linge imprégné de ces écoulements. Nous avons donc demandé un supplément d'enquête sur ce point, et d'après notre demande, la Commission, nommée précédemment par vous, Monseigneur, a procédé à une enquête supplétive, le 2 février 1849.

Après avoir promis de dire la vérité, la malade et le témoin qui la soignait habituellement, interrogés séparément, déclarent : *qu'il n'y a eu aucun écoulement intérieur ni écoulement extérieur;* (c'est Antoinette Bollenat qui parle, n° 23, page 1, ligne 29.) *Aucun accident naturel ne peut expliquer la disparition de la tumeur*, (c'est Joséphine Boivin qui parle); elle ajoute : *je ne me suis pas aperçue de la moindre chose et j'étais parfaitement à même de m'apercevoir de tout.* (N° 23, page 2, lignes 17, 18).

Le docteur Gagniard, en homme de l'art, avait compris toute la portée de ma demande; car, dans une note jointe en *post-scriptum* au certificat donné le 31 janvier 1849 sur l'état actuel de santé d'Antoinette Bollenat, il ajoute : *Je puis affirmer, pour répondre à une observation de M. Chanveau, que les traces d'un écoulement quelconque, purulent, sanguin ou autre, n'auraient pu m'être cachées, tant mon attention était portée sur ce sujet. La moralité de cette admirable fille m'est tellement connue qu'une fausseté de sa part m'étonnerait plus que sa guérison.* (N° 24, page 8.)

Nous sommes donc en droit de conclure : il n'y a pas eu d'écoulement par les voies ordinaires : donc il n'y a pas eu résolution intérieure de la tumeur.

Le linge et les draps d'Antoinette Bollenat présentent-ils des traces purulentes, sanguinolentes ou autres? Le lit de la malade n'a pas été fait le soir de sa guérison, parce qu'il avait été fait le matin ; il a été seulement relevé, et les draps ne présentent aucune tache. Le lit a été fait le lendemain par Antoinette Bollenat, mais accompagnée et aidée de Joséphine Boivin ; on n'y remarque pas de traces de sang ou d'humeur. Les mêmes draps demeurent au lit jusqu'à ce qu'ils soient salis, et personne ne remarque aucune trace purulente ou sanguinolente (N° 23, page 1, ligne 30 ; page 2, ligne 21 et suivantes). Nous concluons donc encore : La résolution extérieure de la tumeur ne pouvait s'opérer, sans une évacuation abondante de pus ou de sang, qui, vu la grosseur de la tumeur, devait nécessairement laisser des traces sur le linge et les draps de la malade ; aucune trace ne se remarque : Donc il n'y a pas eu résolution extérieure de la tumeur. Il n'y a pas eu non plus de résolution intérieure, et cependant la tumeur a disparu, et la malade est guérie sans aucune crise, sans aucune évacuation notable. Cette guérison présente donc le sixième caractère d'une guérison miraculeuse ;

7° *Ultimum, ut sublatus morbus non redeat.* Enfin, la maladie guérie ne doit pas revenir.....

Tel est, Monseigneur, le dernier caractère de la guérison miraculeuse exigé par Benoît XIV, et ce caractère se fait remarquer d'une manière toute particulière dans la guérison d'Antoinette Bollenat.

Déjà le 4 décembre 1847, le docteur Gagniard écrivait : *depuis cette époque* (sa guérison) *Antoinette Bollenat marche, mange et dort comme on le fait en parfaite santé.* (N° 15, page 8, ligne 16.)

Le 10 janvier 1848, M. Gally, curé de Saint-Martin-d'Avallon, écrivait : *voici plus de deux mois qu'Antoinette Bollenat est guérie, et sa santé est toujours excellente;*

à la voir marcher, manger ou travailler, l'homme le plus incrédule ne pourrait s'imaginer qu'elle ait jamais été malade. (N° 15, page 7, ligne 4 et suivantes.)

Le 7 février 1848, Antoinette Bollenat déclare : *je n'ai éprouvé depuis ce temps aucune douleur. J'ai plus d'appétit et de force que jamais. Je fais chaque jour les ouvrages les plus pénibles sans éprouver de fatigue ; je suis en parfaite santé.* (N° 17, page 4, ligne 8.)

Le même jour, Joséphine Boivin déclare : *Depuis ce temps, elle a joui de la santé la plus parfaite ; c'est elle qui, dans ma maison, fait le pain, la lessive, la lave, porte l'eau, et en un mot se charge des travaux les plus fatigants du ménage.* (N° 17, page 5, ligne 27.)

Claudine Boivin : *Je l'ai vue tous les jours depuis, et sa santé est plus florissante que je ne l'ai jamais vue.* (N° 17, page 6, ligne 8.)

Edme Bollenat, son frère : *Depuis cette époque, sa santé s'est parfaitement soutenue et aujourd'hui elle est aussi forte, aussi robuste que les personnes les mieux portantes de son âge.* (N° 17, page 7, ligne 18.)

Le 8 février 1848, la femme Saunois : *Je puis attester que ma sœur a très-bon appétit, qu'elle paraît pleine de force et fait les ouvrages les plus difficiles de la maison.* (N° 17, page 8, ligne 32.)

Catherine Gros, veuve Lairot : *Quoique je la crusse bien guérie, je ne lui trouvais pas encore cette apparence de santé et de force qu'elle a aujourd'hui.* (N° 17, page 10, ligne 11.)

Le 14 février 1848, M. Richerolles : *Le lendemain de la guérison, à onze heures, je la trouvai levée, debout ; elle nous reconduisit jusqu'à la porte. Depuis, je l'ai revue en très-bonne santé.* (N° 17, page 11, ligne 33.)

Monseigneur, ces témoignages ne m'ont pas paru suffisants. Je devais me défier de cette imagination qui agit avec tant de force sur la femme et produit ainsi des effets extraordinaires qui peuvent bien se continuer pendant quelque temps, mais qui ne peuvent être de longue durée ; d'ailleurs, quinze mois se sont écoulés depuis la guérison ; une année entière s'est passée depuis ces dépositions ; un changement notable pouvait être survenu dans la santé de cette fille ; je devais craindre le retour de certains accidents. Il me fallait pour asseoir mon jugement, des témoignages plus récents ; il me fallait la déposition d'un homme de l'art.

J'ai donc cru devoir exiger encore une visite du médecin et un certificat constatant l'état dans lequel il trouvait son ancienne malade. Cette visite a eu lieu le 30 janvier dernier, et le certificat du médecin qui m'a été envoyé est trop précis, trop formel pour que je ne le rapporte pas ici dans son entier.

Je soussigné, docteur en médecine de la faculté de Paris, certifie que la fille Bollenat, que j'ai vue très-souvent depuis le 21 novembre 1847, soit chez elle, soit à la maison où elle a travaillé dernièrement encore pendant quinze jours comme couturière, a joui depuis cette époque jusqu'à ce jour, de la santé la plus florissante qu'il soit possible d'imaginer. Aucune fonction n'a éprouvé le plus petit dérangement, ce qui, pour moi, est très-remarquable, puisque depuis dix-huit ans j'ai toujours vu cette fille malade.

Je certifie, en outre, avoir visité, sur la demande de M. Chanveau, grand vicaire à Sens, Antoinette Bollenat, le 30 janvier 1849, et avoir trouvé les organes contenus dans les cavités cérébrales, thorachiques et abdominales parfaitement sains.

J'ai appuyé avec force sur le ventre, sans cette fois, comme immédiatement après la guérison, pouvoir distinguer la colonne vertébrale, attendu l'état d'embonpoint d'Antoinette Bollenat ; et mes pressions longtemps prolongées n'ont déterminé aucune douleur ni à la région épigastrique autrefois si douloureuse, ni aux autres régions abdominales. Les tumeurs énormes d'autrefois n'ont laissé aucune trace appréciable de leur présence. Enfin, le ventre m'a paru, comme je l'ai déjà dit plus haut, dans un état d'intégrité aussi parfait que celui des autres cavités splanchniques.

En foi de quoi j'ai délivré le présent certificat que j'affirme sincère et véritable.

Avallon, 31 janvier 1849.

Signé GAGNIARD, d. m. p.

Nous croyons donc pouvoir encore conclure ici que la guérison d'Antoinette Bollenat présente le dernier caractère exigé par Benoît XIV pour une guérison miraculeuse.

Ultimum, ut sublatus morbus non redeat.

J'ai terminé, Monseigneur, le travail que Votre Grandeur m'avait confié et l'examen du fait de la guérison d'Antoinette Bollenat, arrivée à Avallon, le 21 novembre 1847. Il ne me reste plus qu'à formuler une consciencieuse pensée que je dois soumettre et que je soumets entièrement à votre haute sagesse ; car ce n'est point en vain que l'Esprit-Saint a reposé sur vous au jour de votre consécration épiscopale.

De l'examen scrupuleux des faits, il résulte que la guérison d'Antoinette Bollenat renferme tous les caractères que Benoît XIV exige pour une guérison miraculeuse : La guérison d'Antoinette Bollenat est donc miraculeuse.

Dans quelle classe de miracles doit-on placer cette guérison ? Il faut en convenir ; ce n'est point ici un miracle au-dessus de la nature, *supra naturam*, comme le serait la résurrection d'un mort ; ce n'est pas un miracle opposé aux lois de la nature comme le serait une infraction aux règles et aux principes qui la régissent par l'ordre du Créateur, *contra naturam* ; mais c'est un miracle du troisième ordre opéré comme dit la théologie, outre la nature, *prœter naturam*.

C'est un miracle; il vient de Dieu : la science et l'art ont été invoqués, et la science et l'art ont hautement confessé leur impuissance : *ex Deo, non ex arte*. Il vient de Dieu, invoqué avec foi et confiance, à la suite d'une neuvaine faite en l'honneur de la très-sainte Vierge, implorée depuis quelque temps sous le nom de Notre-Dame de la Salette; ce miracle a été opéré non par la force des paroles comme on dit, *non ex vi verborum*, mais par les prières et l'intercession de Celle qui jamais ne fut invoquée en vain, par l'intercession de la glorieuse Mère de Dieu, *sed alicujus Sancti precibus et intercessione*.

Quel est le but de ce miracle? Que doit-il en résulter? Ah! sans doute, un témoignage de bonté miséricordieuse pour celle qui en a été l'objet; mais aussi une preuve nouvelle en faveur de la foi catholique, *ad fidei catholicæ confirmationem*; la glorification de la puissante Mère de Dieu, *ad annuntiandam alicujus sanctitatem*; l'édification des âmes pieuses, peut-être le retour de quelques âmes indociles à la foi et à la piété, peut-être la conversion de quelques pécheurs.

Agissant donc selon ma conscience et ma conviction personnelle, j'ai l'honneur de proposer à Votre Grandeur de prononcer affirmativement sur le fait miraculeux de la guérison d'Antoinette Bollenat; fait miraculeux dont j'ai entrepris l'examen par votre ordre, pour la gloire de Dieu et l'honneur de sa sainte Mère. Puisse ce travail attirer la bénédiction du Fils et la protection de la Mère sur celui qui aimera toujours à se dire,

    Monseigneur,
      De Votre Grandeur,
Le très-respectueux et très-affectueux serviteur.
          Signé E. CHANVEAU, *vic. gén.*

Sens, le 20 février 1849.

MELLON JOLLY, par *la miséricorde divine et la grâce du saint Siége apostolique, Archevêque de Sens, Evêque d'Auxerre, primat des Gaules et de Germanie.*

Vu le rapport de la Commission nommée par nous, le 24 janvier 1848, pour procéder à une enquête juridique sur les faits relatifs à une guérison extraordinaire arrivée à Avallon, le 21 novembre 1847, sur la personne d'Antoinette Bollenat, après une neuvaine à la très-sainte Vierge ;

Vu les interrogatoires des témoins et médecin, en date des 7, 8 et 14 février 1848 ;

Vu les certificats et pièces annexés à ces interrogatoires ;

Vu le rapport présenté à nous le 20 février 1849 par M. l'abbé Chanveau, notre vicaire général, chargé par nous de l'examen de cette affaire et d'en discuter les faits ;

Vu les conclusions du rapport ;

Après avoir pris l'avis de notre conseil ;

Le saint nom de Dieu invoqué,

Déclarons, pour la gloire de Dieu, la glorification de la très-sainte Vierge et l'édification des fidèles, que la guérison d'Antoinette Bollenat, opérée le 21 novembre 1847, après une neuvaine à la très-sainte Vierge, Mère de Dieu, invoquée sous le nom de Notre-Dame de la Salette, présente toutes les conditions et tous les caractères d'une guérison miraculeuse, et constitue un miracle du troisième ordre.

Donné à Sens, sous notre seing, le sceau de nos armes et le contre-seing de notre Vicaire général, secrétaire particulier, le 4 mars de l'an de grâce 1849.

(L. S.) *Signé* † MELLON, *Archevêque de Sens.*

Par mandement de Monseigneur l'Archevêque,

E. CHANVEAU, *vic. génér.*

II. Diocèse de Verdun. Guérison de l'abbé Martin, clerc-minoré du grand séminaire.

Sans égard pour l'ordre chronologique, nous donnons le second rang à cette guérison, 1° parce qu'elle porte, comme la précédente, le sceau de l'autorité épiscopale; 2° parce qu'elle répond à ceux qui prétendent que les miracles attribués à Notre-Dame de la Salette, n'ont lieu que sur des femmes : objection déjà résolue, page 215 de notre Rapport.

Après avoir perdu mon père, en 1842, et ma mère en 1843, orphelin à seize ans, je compris que la souffrance serait mon partage, et je tombai dans une mélancolie profonde qui détermina sans doute les crises nerveuses dont j'ai beaucoup souffert depuis 1846. Au mois de janvier 1848, ces crises furent suivies de violents maux de tête que le médecin prit pour les symptômes d'une fièvre cérébrale. Je dus quitter le séminaire, vers le milieu du mois de février, et me retirer chez M. le Curé de Void, mon bienfaiteur. Je rentrai au séminaire, vers le 15 mars, sans être parfaitement guéri, pour en sortir bientôt, y revenir encore et retourner à Void, le 22 juin. A partir de cette époque, je pris de moi-même, et à fortes doses, les remèdes de M. Raspail; ils me causèrent des syncopes et achevèrent de ruiner mon tempérament. Des crampes et de vives douleurs dans les articulations succédèrent aux crises nerveuses; je les ressentis surtout dans la jambe gauche qui s'était notablement affaiblie depuis trois ans. Après un voyage forcé, octobre 1846, j'éprouvai dans ce membre une gêne insupportable.

Telle était ma position le 23 janvier 1849; du 6 au 20 de ce mois, je fus saisi d'une fièvre terrible, accompagnée de nombreuses défaillances et de sueurs abondantes. Par suite d'un refroidissement, la fièvre et la sueur s'arrêtèrent subitement; dès lors, j'éprouvai dans la jambe des douleurs bien plus intenses, et je m'aperçus bientôt qu'elle était notablement réduite et comme desséchée. Retenu pendant quinze jours encore sur mon lit de souffrances par une faiblesse extrême, ne pouvant supporter aucune nourriture, je reçus souvent la visite du médecin; mais il me répugnait de lui parler de cette jambe malade. Un condisciple charitable qui restait constamment près de moi l'en avertit, malgré mes répugnances. Le 23 janvier, après un examen, le docteur me fit entendre que la douleur seule était cause de cette étonnante diminution, que probablement j'avais un rhumatisme et aussitôt il ordonna des frictions. Dès le lendemain, le docteur me déclara atteint d'un rhumatisme articulaire, et le 25 janvier, c'était à ses yeux une sciatique très-avancée et d'autant plus dangereuse que le membre était notablement atrophié. Ma peine fut grande quand, le 26 janvier, il me fallut quitter le séminaire pour aller réclamer de mon bienfaiteur les soins et les secours qu'il me prodiguait de si bon cœur. Le froid était extrême; pendant le voyage de Verdun à Void, j'étais comme transi et la douleur était insupportable; il fallut me descendre de voiture, et ce ne fut qu'à grand'peine, qu'appuyé sur le bras de mon oncle, je pus en vingt minutes faire le court trajet qui me séparait de la maison où je devais fixer ma demeure. Dès le lendemain, le nouveau docteur dont je réclamai les soins me couvrit la jambe de vésicatoires qu'il saupoudrait d'acétate de morphine, et me fit une application de sangsues. A son jugement, la sciatique était fort avancée, c'était un des cas les plus graves; et certes, du 27 janvier au 5 février, les souffrances me l'apprirent assez ainsi qu'à tous ceux qui m'entouraient. Le docteur, à la vue de douleurs si intenses, ne put continuer seul son traitement; il me demanda la permission de consulter plusieurs de ses confrères, et m'annonça que si la douleur continuait, il faudrait me couvrir la jambe de ventouses, puis y passer des barres de fer rouge. Cependant, j'étais au paroxisme de la souffrance; la sœur hospitalière avouait n'avoir jamais vu de crises aussi violentes. C'était trop de douleur pour ma faiblesse, il fallait un terme au mal ou me préparer à la mort; c'était là le dernier mot du médecin. Mais non, Dieu ne m'appelait pas à lui. Peu à peu la souffrance diminua, et, vers le 10 février, je pus avec beaucoup de peine, sans doute, me servir de crosses et faire quelques pas. Le beau temps améliora ma position, et quinze jours s'étaient à peine écoulés que je commençai à m'appuyer sur ma jambe, sans toutefois pouvoir m'agenouiller.

Grande fut la surprise du médecin en me voyant en si bonne voie de guérison; il avait dit à bon nombre de personnes que c'était fini de moi, si la douleur ne se calmait pas. Il dit une autre fois à mon oncle : « *Votre neveu est un homme usé ;* » il en dit tout autant à M. Legros, alors curé de Naïves. Mais enfin j'allais assez bien. Je fis connaître au docteur mon intention de rentrer au séminaire; il me répondit d'abord par un refus, puis me laissa libre. Il consentit même, *par pure complaisance*, à me donner un certificat attestant *que quoique imparfaitement guéri,* je pouvais cependant reprendre mes travaux. Il me prescrivit néanmoins certaines précautions, à l'aide desquelles seules je parviendrais à me guérir complétement de la maladie dont j'étais atteint. Je dois avouer que je ne pus tenir compte de ces recommandations. Il m'avait dit que probablement ma jambe ne commencerait pas à reprendre de la nourriture avant un an, et que, pour la douleur, elle se dissiperait à la longue. J'écrivis donc à monsieur le supérieur pour l'avertir de mon prochain retour; il me fixa lui-même le 4 mars 1849, et je rentrai, en effet, le jour indiqué; mais de nouvelles et plus terribles épreuves m'attendaient au séminaire. Dès le 7 mars, les douleurs, loin de diminuer, augmentèrent rapidement; il me fallait souvent retenir sur mes lèvres le cri du désespoir, et la pensée de Marie pouvait seule l'arrêter; je la conjurai de me rappeler vivement les souffrances de son Fils, et de me cacher dans les plaies de son cœur.

Je revis donc le médecin de la maison; il le fallait. Le 10 mars, M. Lépine m'ordonna des frictions avec le baume nerval: j'obéis, mais sans confiance. En effet, le 18, je lui fis observer que ma jambe se raidissait comme une barre de fer, que je ne pouvais faire un pas sans souffrir cruellement, que la douleur remontait dans les reins et dans l'épine dorsale jusqu'à la tête. Je voulus lui faire voir ma jambe; il me dit pour toute consolation : « Il faut, mon ami, attendre le beau temps; alors j'emploierai des bains aromatiques alcaliques; puis, si cela ne fait rien, nous emploierons autre chose, et après, si cela n'opère pas...... Eh bien! adieu, Monsieur; » et cela dit, il s'en alla.

Cette réponse n'était guère rassurante; désormais je ne voyais plus à qui m'adresser. Du 10 au 13 mars, j'avais fait usage du sirop de Boubée et de son liniment, en même temps que je faisais des frictions avec le baume nerval, et je ne m'aperçus nullement de l'effet de ce remède dont on vantait l'action instantanée. Je consultai un livre de médecine sur les symptômes de ma maladie; cette lecture me fit trembler.

Un jour, sous l'impression de mes douleurs, j'allai voir mon directeur; car il fallait de la consolation à mon âme; je fus heureux de l'entendre m'exprimer une idée qui m'occupait depuis longtemps déjà, mais je ne voulais point prendre l'initiative; il s'agissait de conjurer le ciel d'entreprendre seul ma guérison, et de faire une neuvaine en l'honneur de Notre-Dame de la Salette. Dès le lendemain, 27 mars 1849, mardi de la Passion, sur la proposition d'un condisciple, j'écrivis à M. le Curé de Notre-Dame-des-Victoires, à Paris, pour réclamer, en ma qualité d'affligé et de membre de l'Archiconfrérie, le secours de Marie et les prières des coassociés.

Le premier avril, jour des Rameaux, notre neuvaine commence par l'offrande du saint sacrifice que plusieurs prêtres de la ville m'appliquèrent; de nombreuses communions furent offertes à mon intention par bien des personnes charitables des différentes communautés de Verdun, qui invoquèrent surtout Notre-Dame de la Salette. Cependant mes souffrances étaient toujours les mêmes. Ce jour-là comme les précédents, pour obéir à la règle, j'allai passer mes récréations dans le lieu où la prenait la communauté; je marchais lentement, appuyé sur le bras d'un condisciple à qui je dois une éternelle reconnaissance pour son dévouement à mon égard. Je me confiais plus que jamais en Marie : « Elle me guérira et je connaîtrai ma vocation.... » Le soir, vers six heures un quart, mon directeur me remit un peu d'eau de la Salette qu'il avait obtenue des dames du couvent de la Congrégation. C'était là ce que je demandais avec instance, ce que j'appelais mon salut, mon sauveur. « Il y en a bien peu, ménagez-la » me dit mon directeur; « oh! répondis-je, en souriant, oh! Monsieur, il n'en faut pas tant. » Je descendis avec une peine extrême au lieu de la récréation. Après un quart d'heure d'une promenade douloureuse et qui me parut bien longue, j'éprouvai dans tout le corps et surtout dans la jambe malade, une fatigue extraordinaire; je dus faire de grands efforts, même en m'appuyant sur la rampe, pour re-

8

monter l'escalier et arriver au couloir. Je me dirigeai vers la chapelle.

Je ne pus y rester que cinq ou six minutes. Ce n'était pas là que Dieu m'attendait, mais bien dans cette pauvre cellule où j'avais tant souffert. Enfin, me voici devant cette petite statue de Marie vers laquelle j'avais si souvent porté mes regards. Pressé par la confiance en Marie, je saisis son image, je tombe à genoux sans même m'en apercevoir. Depuis longtemps, il m'était impossible de plier ma jambe raidie. Alors, saisissant mon petit flacon, je le presse sur les lèvres, et contemplant l'image de Marie : « O Marie! ô ma bonne mère, m'écriai-je, oui, vous me guérirez; j'en ai l'intime confiance; Marie, vous savez pourquoi je le désire ; si c'est la plus grande gloire de Dieu que je souffre, *non recuso laborem*; si au contraire, c'est que je sois guéri, je vous promets de me consacrer tout entier à votre culte, et de suivre de point en point ma vocation. O ma bonne Mère! oui, je serai guéri. » Alors, je tombai dans un anéantissement profond, ne pensant plus, n'ayant plus conscience de ma prière ; j'étais comme écrasé sous le poids de l'action divine que je ne sentais pas cependant. Cet état dura environ un demi quart d'heure; puis revenu de cette espèce d'étourdissement, sans m'apercevoir du changement qui s'est opéré en moi, je descends avec précipitation un long escalier, pour dire encore à l'élève infirmier : « Ayez bonne confiance, je serai guéri. » Plus tard, ce bon condisciple, qui m'avait prodigué ses soins pendant mes maladies, me racontait que ma démarche ferme, ma contenance assurée l'avaient étrangement surpris, qu'il ne comprenait pas mes paroles, et qu'il avait ajouté assez bas : « Vous serez guéri! mais vous l'êtes! » Je partis sans faire attention à cette parole; mais quand me trouvant au milieu des couloirs je rencontrai un condisciple qui me saisit et s'écria : « Vous êtes guéri ! » seulement alors, je m'aperçus du changement opéré en moi ; je compris tout mon bonheur, et j'allai proclamant ma guérison, non comme prochaine, mais comme accomplie. Je n'étais pas loin de la chapelle où tout à l'heure je n'avais pu prier ; maintenant je m'y sentais invinciblement poussé. Pendant le quart d'heure que je passai au pied du saint autel, à genoux, sans éprouver la moindre douleur, je ne sais ce que je dis à Jésus, ni quelle prière j'adressai à cet aimable Sauveur.

L'heure du souper approchait, et je voulais annoncer la bonne nouvelle à mes supérieurs. Je monte rapidement l'escalier qui conduit chez mon directeur ; je me précipite dans sa chambre en criant : « Je suis guéri, Marie m'a guéri. » A l'instant même je lui donne des preuves multipliées de ma guérison. Mon directeur me serre dans ses bras, et à l'instant même je cours chez M. le supérieur qui refusait de me croire ; ce ne fut qu'au nom de la Salette qu'il comprit la cause de mes transports. Je ne sortis de chez lui que pour me rendre au réfectoire avec tant d'agilité que deux condisciples ne purent m'atteindre. Mon estomac, si délabré par tant de maladies et de souffrances, reçut sans dégoût et digéra sans peine les aliments. D'ailleurs, depuis ce moment, il ne s'est plus refusé au régime ordinaire de la communauté. — Au sortir du réfectoire, je suis entouré par toute la communauté qui exige de moi toutes les marques d'une guérison complète ; je cours, je plie la jambe, je frappe fortement du pied la terre et j'accède à tout ce que l'on demande de moi pendant toute la récréation que je passe au milieu de mes condisciples, comme si jamais je n'avais été malade. Le lendemain, jour de promenade, une marche de cinq heures ne me fait éprouver aucune gêne. Ce même jour, 2 avril, trois personnes examinent la jambe et se convainquent qu'elle a repris de la vie. Depuis le Jeudi-Saint, jour où elle a cessé de grossir, elle est restée dans le même état où elle se trouve aujourd'hui; je puis affirmer qu'elle était au moins des deux tiers plus petite que l'autre avant ma guérison.

C'est à peine si je me ressentis de la fatigue que l'on éprouve d'ordinaire après les longs offices de la Semaine sainte. Trois jours après que je fus guéri, j'allai voir le médecin; je lui racontai les détails et je lui donnai les preuves de cette guérison instantanée; et comme il semblait vouloir l'attribuer à ses remèdes, je lui fis observer que je les avais abandonnés depuis plusieurs jours. Malgré la contrariété des temps, la difficulté de monter et de descendre plusieurs fois chaque jour un long escalier, malgré certaines imprudences, aujourd'hui 26 juillet 1849, j'affirme que je n'éprouve aucune douleur.

Il ne m'appartient pas de prononcer sur la cause du changement subit qui s'est opéré en moi, je veux me borner à dire avec l'aveugle-né de l'Evangile : « *Unum scio;* » je ne sais qu'une chose, c'est qu'après avoir abandonné les remèdes humains, j'ai prié, j'ai fait prier au nom de Notre-Dame de la Salette; c'est qu'après une courte oraison, au moment où je tenais un petit flacon de l'eau de la Salette, en présence d'une petite statue de Marie, je me suis trouvé guéri.

Grand séminaire de Verdun, le 26 juillet 1849, fête de Sainte-Anne.

MARTIN, de Void, *cl.-min.*

Cette relation, mise sous les yeux du docteur qui a traité le jeune abbé, a été trouvée exacte dans toutes ses parties. Ainsi certifié dans une lettre écrite de la main du vénérable Evêque de Verdun.

Les deux pièces suivantes font connaître le jugement porté sur cette guérison par MM. les directeurs du grand séminaire et par Monseigneur l'Evêque de Verdun.

Nous soussignés, supérieur, directeurs et professeurs du grand séminaire de Verdun-sur-Meuse, attestons ce qui suit :

1º M. Martin, clerc-minoré, a constamment édifié ses condisciples par sa foi vive, par sa régularité et sa piété. Tout l'ensemble de sa conduite est à nos yeux une preuve si évidente de sa sincérité qu'il nous inspire une entière confiance. Nous sommes donc bien persuadés qu'il a voulu raconter aussi exactement que possible le fait et les circonstances de sa guérison ;

2º Pendant les quelques semaines qui se sont écoulées depuis sa rentrée au séminaire jusqu'au 1er avril 1849, nous l'avons vu dans un état continuel de souffrance qui ne lui a pas permis de suivre les exercices de la communauté. Il ne marchait qu'avec peine et presque sans pouvoir s'appuyer sur la jambe gauche. Comme nous touchions au moment de prononcer sur son admission aux ordres mineurs, il fut convenu entre nous que M. le supérieur ferait connaître à Monseigneur l'Evêque la position du malade. Sa Grandeur décida que ce jeune clerc ne serait admis à l'ordination qu'après la guérison bien constatée de son infirmité. M. Martin, qui redoutait cette décision, commença et fit commencer le 1er avril une neuvaine en l'honneur de Notre-Dame de la Salette. Le même jour, son directeur lui remit vers les six heures du soir un flacon contenant de l'eau puisée à la source de la Salette, et que M. le Curé de Corps avait fait parvenir à

M. Marotte, vicaire général de Monseigneur l'Evêque de Verdun. Vers sept heures, le malade marchait, courait, montait et descendait rapidement divers escaliers et faisait des génuflexions pour prouver sa guérison à son directeur, à M. le supérieur et à plusieurs de ses condisciples. A huit heures, toute la communauté fut témoin des autres faits. Le lendemain, M. Martin accompagna ses condisciples à la promenade, et depuis ce jour (2 avril), jusqu'à l'ouverture des vacances (26 juillet), il a constamment suivi, sans paraître en souffrir, tous les exercices de la communauté;

3º Depuis le dimanche des Rameaux, il n'y a eu qu'une voix au séminaire pour attester le fait de cette guérison extraordinaire. Elle a produit la plus vive impression sur toute la communauté, composée de plus de cent élèves. Les séminaristes n'en parlèrent sur le moment, et ils n'en parlent encore aujourd'hui que comme d'un prodige sur lequel ils n'élèvent aucun doute. Pour nous, après avoir examiné et discuté avec soin toutes les circonstances de ce fait, nous ne voyons pas comment nous pourrions l'expliquer par des causes purement naturelles.

PETIT, *supérieur du séminaire;*
JEANNIN, *professeur de dogme;*
THOMAS, *profes. de philosop.;*
J. POROT, *économe;* VAUTROT,
professeur de morale.

LOUIS ROSSAT, *par la miséricorde divine et la grâce du saint Siége apostolique, Evêque de Verdun;*

A tous ceux qui ces présentes verront et entendront, salut et bénédiction en Notre-Seigneur Jésus-Christ:

Nous déclarons certain et incontestable le fait de la guérison instantanée et bien soutenue depuis le 1ᵉʳ avril 1849 jusqu'aujourd'hui, en la personne du jeune abbé Martin, élève de notre grand séminaire, qui a rédigé, d'après nos ordres, la relation qu'on vient de lire. Nous ajoutons qu'il nous a toujours paru très-difficile d'expliquer une telle guérison par les seules forces de la nature, et que nous avons vu sans surprise les Elèves de notre séminaire l'attribuer unanimement à une intervention surnaturelle de la sainte Vierge.

Donné à Verdun, en notre palais épiscopal, le 1er août 1849.

† LOUIS, *Evêque de Verdun*.

(L. S.)   Par mandement de Monseigneur :

Dascier, *chan. secr.*

Le 14 janvier 1850, M. Vautrot nous écrit :
« Notre séminariste guéri jouit toujours de la santé
» la plus florissante, lui qui chaque année faisait
» quelque grave maladie. Voilà bientôt un an qu'il
» est guéri, et sa guérison ne s'est pas démentie
» un seul instant. »

III. Diocèse de Rennes. Guérison de sœur *Marie François de Sales*, religieuse de la Visitation. Le procès-verbal de cette guérison porte l'approbation de Mgr l'Evêque de Rennes.

Relation de la guérison opérée à la Visitation Sainte-Marie de Rennes, en faveur de sœur Marie François de Sales, âgée de 36 ans et demi, religieuse professe du premier monastère de la Visitation de Paris.

L'an de Notre-Seigneur 1849, le 26 du mois de juillet, nous soussigné, vicaire général de Monseigneur l'Evêque de Rennes, supérieur du monastère de la Visitation Sainte-Marie de la ville de Rennes, accompagné de M. l'abbé Corvaisier, aumônier dudit monastère, nous nous sommes transporté au grand parloir de la communauté, où nous avons trouvé réunies : la Mère supérieure, ma sœur l'Assistante, ma sœur l'Infirmière et mes sœurs Marie de Chantal, Louise Françoise, Stéphanie de Gonzague et Marie François de Sales, lesquelles nous ont présenté 1º un certificat délivré par MM. Bruté père et fils, docteurs-médecins, contenant ce qui suit :

« Nous soussignés, docteurs-médecins, avons été appelés à donner des soins à madame Marie François de Sales, religieuse de la Visitation. Cette religieuse était affectée depuis plusieurs années d'une hypertrophie du cœur avec lésion des valvules. Une voussure énorme s'étendait depuis la clavicule jusqu'à la dernière côte.

» A son arrivée de Paris à Rennes, madame Marie François de Sales sentit le mal faire des progrès. Les crises de suffocation qui existaient depuis longtemps, augmentèrent et finirent par ne plus lui permettre de prendre la position horizontale. La déformation des côtes devint énorme, le cœur semblait prêt à s'ouvrir un passage, et tout l'arbre artériel gauche commença à s'hypertrophier.

» M. Bretonneau, si habile praticien reconnut l'existence du mal que nous signalons. Son diagnostic fut celui que nous venons de tracer. Les jambes enflèrent, elles devinrent rouges et s'excorièrent. Le gonflement remontait au-dessus des genoux. Cent dix nuits et cent-dix jours furent passés par la malade dans la position assise dans un fauteuil. Tous les moyens auxquels la médecine a recours en pareille circonstance furent inutilement employés : moxas, cautères, ventouses, ne purent s'opposer aux progrès rapides de cette horrible maladie, qui fut abandonnée à elle-même pendant quelques jours.

» Madame François de Sales désirait qu'on fit une neuvaine. Les accidents allèrent en augmentant, et la malade arriva en quelques jours au dernier degré de l'agonie ; une sueur froide ruisselait sur le visage ; les pupilles immobiles étaient insensibles au contact de la lumière, et les personnes qui l'entouraient s'apprêtaient à recevoir son dernier soupir, lorsque instantanément elle revint à elle, demanda à boire, prit sans difficulté la boisson qu'on lui offrit et demanda un potage qui lui fut donné. Les jambes désenflèrent immédiatement ; elle dormit à merveille la nuit suivante ; et lorsque nous arrivâmes le lendemain, nous ne trouvâmes plus aucune trace de la maladie. Les jambes avaient repris leur volume et leur coloration normale. La voussure et la déformation des côtes avaient disparu. Les bruits du cœur ne présentaient pas la plus légère nuance anormale. Madame Marie François de Sales marchait ; elle montait deux rampes d'escalier sans qu'on pût percevoir la moindre exagération dans l'impulsion du cœur. L'appétit était bon, la digestion facile, et à partir de ce moment, madame Marie François de Sales put prendre la position horizontale au lit et dormir d'un sommeil parfait.

» Depuis trois mois, époque à laquelle ce changement a eu lieu, la santé n'a pas cessé d'être parfaite. Madame Marie François de Sales est peut-être la plus forte parmi les personnes qui composent la communauté, et nous n'avons plus de cette horrible maladie que le souvenir.

» Le présent procès-verbal a été fait et attesté par nous, trois mois après la maladie, ce 3 juillet 1849. »

2º Une relation de la maladie et de la guérison de ma sœur Marie François de Sales, rédigée, partie par elle-même, partie par ma sœur Marie Pauline, infirmière, laquelle contient ce qui suit :

« Au commencement du mois de mars, le médecin qui avait toujours dit que mon mal était sans remède, voyant qu'il s'aggravait encore, instruisit ma famille de mon état désespéré. Ma sœur aînée fit alors demander à M. le Curé de la Salette une neuvaine de messes, et m'envoya de l'eau miraculeuse de ce pèlerinage, me priant d'en boire et de m'unir à la neuvaine. J'eus de la peine à m'y décider, à cause du désir ardent que j'avais de mourir ; enfin, déterminée par l'obéissance, j'y consentis, et cette neuvaine fut commencée à la Salette le 21 de ce mois; ma famille et trois de nos chers monastères voulurent bien s'y unir. Depuis le 11 du même mois, mes crises étaient devenues beaucoup plus fréquentes. Jusqu'au 26, je ne fus pas dans le jour plus d'une demi-heure sans crise, et j'en avais encore plusieurs la nuit, temps où livrée à une continuelle insomnie, j'avais ordinairement une fièvre très-forte. M'assoupir était pire encore, le moindre mouvement m'éveillant avec de violentes douleurs. Mon cœur en battant, me déchirait tout le côté, où il me semblait avoir intérieurement des plaies vives ; et lorsque se dilatant, il cessait de battre, j'étais étouffée. Alors une goutte d'eau m'aurait fait suffoquer, et je ne pouvais même avaler ma salive. De grands maux de tête, un profond dégoût de tout ce qui est nourriture, une faiblesse qui me faisait vivement appréhender mes crises : en un mot, un état de souffrance que je ne puis exprimer me faisait attendre à chaque instant mon dernier moment. M. Bruté père, qui venait alors tous les jours, m'avoua depuis qu'il s'était toujours hâté de quitter l'infirmerie de peur de me voir passer devant lui. La difformité de mon côté gauche était telle que l'une de nos sœurs me dit : « Cela fait mal à voir. » Je ne puis rendre compte de mon agonie, ayant été sans connaissance. C'est à présent ma sœur l'infirmière qui parle :

« Le 26 mars, à six heures et demie du soir, sœur Marie François de Sales eut une crise qui parut devoir être la dernière. C'était le sixième jour de la neuvaine. Le délire, les yeux fixes et tous les symptômes qui accompagnent une mort prochaine se manifestèrent. On avertit M. l'Aumônier qui se hâta de réitérer à la malade l'extrême-onction et l'indulgence de la mort. Après la cérémonie, nos sœurs se retirèrent à regret, pensant ne plus revoir leur sœur, dont la mort parut si certaine qu'on prépara tout ce qui était nécessaire pour l'ensevelir. Notre Mère supérieure et trois autres sœurs veillèrent avec moi autour d'elle. Son agitation devint grande, et au milieu de la nuit nous vîmes son visage couvert de la sueur de la mort. En l'essuyant, je m'aperçus que sa figure était glacée. Notre mère mit la lumière devant les yeux de la malade qui ne la distingua pas. Les yeux étaient totalement vitrés. Ce regard fixe avait quelque chose d'effrayant. Nous allumâmes le cierge bénit et nous fîmes toute la recommandation de l'âme. Notre chère sœur eut ensuite une faiblesse qui rendit nos craintes encore plus vives. Au bout de quelques minutes, la respiration revint, et la malade tomba dans une espèce d'assoupissement qui était un signe d'autant plus mauvais que le pouls, devenu tout à fait intermittent, était quelquefois plusieurs minutes sans battre, et remontait considérablement; vers le matin, un redoublement de fièvre lui rendit un peu plus de force. Le médecin vint, elle ne le reconnut pas, les yeux demeurant vitrés et le délire continuant. Il dit qu'on ne pouvait répondre de cinq minutes d'existence; mais qu'assurément notre chère sœur ne passerait pas la journée. On ne put, pendant les vingt-deux heures de son agonie lui faire avaler une seule goutte d'eau; tout coulait de sa bouche comme aux agonisants ; nous nous contentions de mettre sur ses lèvres l'eau de la Salette. Cependant elle désirait avec ardeur le saint Viatique, et retrouvait toujours sa raison lorsqu'on lui parlait de Dieu. Le médecin dit qu'il fallait essayer de lui faire avaler du pain à chanter; ce qui ayant réussi, on se pressa de se munir des permissions nécessaires pour procurer à la malade, la consolation qu'elle souhaitait si vivement. (Elle avait reçu le saint Viatique trois jours avant.) Sa fièvre étant tombée, le pouls redevint ce qu'il avait été pendant la nuit, et marqua, joint à la décoloration du visage, un total affaiblissement. Vers les quatre heures du soir, M. notre Aumônier apporta le saint Viatique; notre chère sœur entrait dans la 22e heure de son agonie. Elle peut à présent rendre compte de ce qui se passa en elle.

« Lorsqu'on m'apporta Notre-Seigneur, je ne vis ni le prêtre, ni nos sœurs, ni les lumières. Je savais seulement que j'allais communier. Dès que j'eus reçu le saint Viatique, je connus mon mal et sentis mon état. Mon corps était brûlé par la souffrance. Je compris que je venais d'être bien proche de la mort, et le dis à notre mère supérieure. Notre-Seigneur, après m'avoir montré l'état duquel il me tirait, me dit intérieurement : *C'est moi qui peux et qui veux te guérir.* Je lui dis : *Fiat!* et n'aurais pu lui répondre autre chose, n'ayant d'autre sentiment que de le laisser faire. Dès que Notre-Seigneur m'eut dit cette parole, il se fit un grand travail dans tout mon côté gauche ; mon cœur sembla comme se retourner et reprendre sa place, mais avec un mouvement si violent que j'eus même peur. Voyant cependant que ce n'était suivi d'aucune souffrance, et qu'un bien-être général se répandait dans tout mon être, je compris que j'étais guérie. Je l'étais effectivement et entièrement. Je n'avais pas plus envie de communiquer cette faveur que je ne l'avais désirée. Cependant, après demi-heure ou trois quarts d'heure d'actions de grâces, je le dis à notre mère supérieure; d'ailleurs, les traits de mon visage parlèrent pour moi, ils étaient tout à fait remis. Je demandai à boire, et je bus sans aucune difficulté. On m'offrit à manger, j'acceptai une soupe que je pris avec grand plaisir. Je marchai ce soir là même. Mes jambes, jusqu'alors si enflées, surtout vers le pied gauche qui était même fort malade, étaient revenues dans leur état ordinaire, ainsi que mon côté. Le cautère que j'avais sur le cœur se guérit. Je dormis très-bien toute la nuit. A cinq heures du matin, je déjeûnai avec des huîtres et une tasse de café. Le médecin, qui vint à six heures, frappé d'étonnement de ne pas me trouver morte, et de l'état dans lequel il me voyait, m'examine avec grand soin et me dit : Madame, vous êtes pour moi une personne revenue de l'autre monde. Depuis ce moment, je peux monter et descendre les escaliers, ce que je n'avais pu faire depuis plus de dix mois; me coucher, n'importe sur quel côté. J'agis aussi bien du bras gauche que du bras droit. Enfin, je suis dans un état de santé parfaite qui me permet de suivre en tout la communauté. Gloire à Dieu, gloire à Marie! »

Lecture faite de ces deux pièces, nous avons demandé à ma sœur Marie François de Sales si elle avait à ajouter quelque chose à la relation qu'elle avait faite de sa maladie et de sa guérison; ce à quoi elle a répondu : qu'elle regardait comme chose très-certaine qu'elle devait sa guérison à l'intercession toute spéciale de la très-sainte Vierge; ce dont elle était d'autant plus persuadée qu'elle n'éprouvait aucun ressentiment de son affreuse maladie, et que même elle était capable de s'acquitter de l'office du chœur; ce qu'elle n'avait pu faire avec tant soit peu de suite, depuis plus de douze ans.

Nous avons ensuite interrogé ma sœur Marie Pauline, infirmière, laquelle nous a dit persévérer dans ce qu'elle avait avancé dans la relation de la maladie et de la guérison de sœur Marie François de Sales ; laquelle a même ajouté que cette guérison lui avait paru tellement prodigieuse et miraculeuse, qu'elle avait eu besoin, pour y ajouter foi, de voir pendant plusieurs jours, la continuation du parfait rétablissement de la malade. Ayant ensuite interrogé la mère supérieure et les autres sœurs présentes, elles nous ont toutes déclaré qu'elles partageaient comme témoins oculaires les convictions de mes sœurs Marie Pauline et Marie François de Sales. Nous avons ensuite interrogé M. l'abbé Corvaisier, lequel nous a dit : qu'il ne doutait nullement de l'état agonisant de sœur Marie François de Sales, le 27 mars présente année, jour où il lui administra le saint Viatique, et que durant vingt-trois ans de l'exercice du saint ministère, il n'avait jamais vu un état semblable sans qu'il fût suivi d'une mort prochaine. Nous déclarons nous-mêmes avoir été témoin plusieurs fois des crises éprouvées par la malade, et qui nous semblaient ne pouvoir *naturellement* être suivies d'une guérison instantanée.

Toutes ces dépositions reçues :

Vu le certificat de MM. Bruté qui attestent :

1º Que la guérison de ma sœur Marie François de Sales ne peut être l'effet des remèdes qui avaient été *inutilement* employés ;

2º Que la malade était réduite à une véritable agonie ;

3º Qu'on avait cessé l'emploi de tout remède ;

4º Que la guérison a été instantanée ;

5º Que la guérison persévère depuis quatre mois ;

Vu la relation faite par la malade elle-même ;

Vu la déposition des religieuses qui ont eu des rapports habituels avec la malade ;

Vu la déposition de M. l'abbé Corvaisier :

Nous avons jugé que la guérison de sœur Marie François de Sales avait été opérée d'une manière tout à fait extraordinaire, et en dehors des lois physiologiques et pathologiques, et nous avons permis en conséquence à la Mère supérieure de donner connaissance des faits ci-dessus relatés, et même de délivrer copie du présent procès-verbal aux personnes intéressées à les connaître.

Fait au parloir de la Visitation, les jour et an que dessus.

Suivent sur l'original, les signatures de :

MM. FRAIN, *vicaire général, supérieur;* l'abbé CORVAISIER, *aumônier de la Visitation;* BRUTÉ père; BRUTÉ fils; Sœurs MARIE THÉRÈSE *supérieure;* MARIE ÉLISABETH BOSSI, *assistante;* MARIE PAULINE, *infirmière;* MARIE DE CHANTAL; MARIE FRANÇOIS DE SALES; LOUISE FRANÇOISE; STÉPHANIE DE GONZAGUE.

Le présent procès-verbal, vu et approuvé par nous évêque de Rennes, 2 août 1849.

(L. S.)   G., *Évêque de Rennes.*

IV. DIOCÈSE DE MARSEILLE. Guérison de deux Religieuses du couvent des Capucines de Marseille.

La première de nos sœurs qui a été guérie d'une manière que nous regardons comme miraculeuse, est une jeune professe de 26 ans. Cette chère sœur était malade depuis sa profession, c'est-à-dire, depuis deux ans et demi. Jusqu'à cette époque, elle avait toujours joui d'une santé parfaite; mais alors, il plut au Seigneur de l'éprouver par la souffrance. La sœur N.....

fut atteinte d'une violente douleur au côté, et bientôt elle se mit à cracher le sang. Néanmoins, elle pouvait encore un peu aller et venir, suivre même le chœur, quand elle discontinuait quelques jours de cracher le sang; mais si alors, se croyant mieux, elle essayait seulement de soulever une corbeille un peu forte, ou toute autre chose pour laquelle le mouvement des bras fut nécessaire, ses crachements de sang recommençaient aussitôt; de telle sorte, que nous étant aperçue de cela, nous nous crûmes obligée de lui interdire absolument tout mouvement un peu prononcé des bras. Nous ne lui laissions faire autre chose que quelques petits ouvrages de dévotion, travail qui n'était pas capable de la fatiguer. Cet état dura deux ans. Nos soins n'eurent d'autre effet que de retarder pour quelque temps les progrès du mal; ils ne purent les empêcher.

Au mois d'octobre de l'année 1847, la maladie de la sœur N.... prit un caractère si grave qu'elle fut contrainte de s'aliter. Depuis le mois de mai, ses crachats étaient devenus purulents, symptômes si dangereux, que M. notre médecin nous avait dit que s'ils continuaient de la sorte, il était bien à craindre que notre chère sœur n'eut que peu de temps à vivre. La malade perdit à cette même époque l'appétit et le sommeil; aussi ne se dissimulait-elle pas que le terme approchait, et elle ne songeait plus qu'à se préparer dignement à ce passage d'où dépend une éternité tout entière. Nous partagions ses convictions, et en effet, son état semblait être désespéré. Par suite de ses crachements de sang devenus continuels, notre pauvre sœur était arrivée à un tel point de faiblesse qu'elle s'évanouissait plusieurs fois par jour; son estomac rejetait absolument toute espèce de nourriture; il n'y avait guère plus que le lait d'anesse et quelques cuillerées de bouillon qui passaient encore, et souvent même, elle vomissait ces légers liquides après plusieurs heures de souffrances inexprimables.

C'est ainsi que se trouvait la sœur N..... au commencement du mois de décembre; rien ne la soulageait plus. La voyant si mal, nous crûmes qu'elle n'irait pas à la fin de l'année, et nous lui disions quelquefois pour la réjouir, qu'elle célébrerait la fête de Noël dans le ciel. Nous étions loin de penser alors, que ce jour là même elle chanterait matines avec nous dans le chœur!

La pauvre enfant s'avançait donc à grands pas vers le terme; elle avait, quoique au mois de décembre, des sueurs abondantes; ses vomissements étaient continuels. D'autres symptômes encore très-alarmants et qui présageaient une maladie pénible, étaient venus se joindre à tant de souffrances. C'est alors que nous fûmes inspirées de faire une neuvaine à la sainte Vierge, sous l'invocation de Notre-Dame des sept douleurs, pour lui demander la guérison de cette chère sœur, ou tout au moins qu'elle voulût bien la délivrer de la maladie pénible dont elle était menacée. Nous eûmes de plus la pensée de faire boire à la malade, pendant tous les jours de la neuvaine quelques gouttes d'eau de la fontaine de *la Salette*. Cette neuvaine, que nous fîmes en communauté, commença le 13; nous la continuâmes jusqu'au 20, sans que notre chère sœur se trouvât mieux; bien au contraire, elle était toujours plus souffrante, et, humainement parlant, nous ne conservions plus d'espoir; mais le dernier jour de la neuvaine (et voici ce qui tient réellement du prodige), la sœur N.... se réveille le matin en disant: Ma mère, j'ai *dormi* toute la nuit, je ne me sens plus de mal du tout; donnez-moi à manger, car j'ai *bien faim*. On la satisfait, quoique en tremblant un peu, et, pour la première fois depuis six semaines, elle mange du meilleur appétit une soupe et les trois quarts d'un pain. Elle semblait ne pouvoir se rassasier!..... Cependant, quoique ne souffrant plus *du tout*, elle était encore extrêmement faible, tellement qu'elle ne put rester levée quelques minutes, le temps qu'on arrangeait sa couche, sans avoir mal; mais le lendemain, en se réveillant encore après avoir dormi toute la nuit, elle nous assure avoir recouvré *toutes ses forces*, et pour les essayer, elle nous demande la permission de se lever. Nous la lui accordons. La malade sort de son lit, le fait elle-même à notre grand étonnement, balaie ensuite sa cellule, et ne doutant point qu'elle ne soit guérie, puisqu'elle n'éprouve aucune fatigue, elle va remercier le bon Dieu à la tribune, où la reconnaissance la tient une heure à genoux. Il va sans dire qu'elle ne se recouche plus de tout le jour, et M. le médecin venant lui faire sa visite accoutumée, ne peut, en la trouvant levée, s'empêcher d'en témoigner sa surprise et son admiration. La pauvre enfant, en se voyant si bien, nous disait naïvement qu'elle avait presque peur d'elle-même.

Ayant été témoin d'une guérison aussi prompte et aussi entière, j'aurais cru manquer de foi et de confiance envers la sainte Vierge, que de ne pas faire reprendre à notre chère sœur toutes les obligations de sa règle. Si la sainte Vierge, lui dis-je, a réellement fait un miracle en votre faveur, comme il le paraît, vous pouvez sans danger reprendre *tout de suite* vos obligations. En effet, dès le lendemain, elle a quitté l'infirmerie; elle s'est remise au jeûne le 23, avant-veille de Noël, et la nuit de cette fête, elle est venue à minuit chanter matines avec nous dans le chœur.... C'est une chose vraiment admirable que de voir cette pauvre sœur qui, depuis près de trois ans ne faisait aucune de nos austérités, maintenant jeûner sans interruption, suivre le chœur nuit et jour, se prêter à tous les travaux pénibles du monastère, et tout cela sans aucune fatigue!.... Il lui semble qu'elle n'a jamais été malade de sa vie. Huit mois se sont écoulés depuis cette guérison et le bien se soutient toujours.

Je déclare que le récit de madame l'Abbesse est exact. La sœur dont il s'agit avait bien réellement une maladie de poitrine qui, dans les derniers temps, s'était compliquée d'une affection gastro-intestinale. Les divers traitements qu'elle avait subis étaient demeurés infructueux et je désespérais de sa vie : lorsque tout à coup, un jour, à ma grande surprise, je la trouvai *guérie radicalement et sans convalescence.*

LAIDET,
médecin des Dames Capucines.

La seconde guérison miraculeuse a été opérée en faveur d'une autre de nos sœurs, âgée de trente-trois ans environ. Elle était malade depuis onze ans et alitée depuis dix ans. Son mal était intérieur; plusieurs médecins l'avaient traitée successivement sans y comprendre autre chose, si ce n'est qu'elle n'en pouvait jamais guérir; aussi tous leurs remèdes étaient-ils restés sans effet. Le siége de ce mal étant dans les entrailles et dans le rein gauche, notre chère sœur était obligée de rester continuellement dans sa couche, ou si elle faisait quelques pas, ce n'était qu'avec bien de la peine et soutenue par une de ses sœurs; et encore, était-elle alors si fatiguée, qu'il ne fallait rien moins que le désir qu'elle avait de recevoir la sainte communion qui pût la décider à se remettre en mouvement le jour suivant. Le plus ordinairement, c'était dans une chaise roulante qu'on la transportait d'un lieu à un autre; elle était alors moins fatiguée, mais toujours assez cependant pour s'en ressentir plusieurs heures. Enfin, elle essayait quelquefois de rester assise sur une chaise; mais cette position lui devenait si pénible au bout d'une demi-heure; qu'elle était forcée de la quitter pour se remettre sur sa couche; là, soutenue par des coussins, elle s'occupait à confectionner des petits ouvrages de dévotion.

C'est ainsi que toute la communauté a constamment vu la sœur N.... pendant l'espace de dix ans; l'été seulement, nous la trouvions quelquefois sur une galerie que nous avons pour faire prendre l'air aux malades, mais toujours couchée sur une petite paillasse qu'on avait soin d'étendre à terre. Dans cet état si pénible pour la nature, notre chère sœur était cependant d'une résignation admirable. La conviction qu'elle partageait avec nous toutes de ne jamais guérir, n'avait pas même altéré la gaîté naturelle de son caractère; et par attrait, elle était si abandonnée à la volonté de Dieu, que croyant que son état fût dans l'ordre de cette divine volonté, elle se serait fait une sorte de peine de prier pour sa guérison. M. notre médecin qui la visitait de temps en temps, lui disait avec sa bonté ordinaire : « Ma chère sœur, il n'y a qu'un grand miracle qui puisse vous tirer d'affaire ! La sainte Vierge le fera peut-être quelque jour !.... Tout lui est possible!!.... » Notre pieux médecin ne se trompait pas; il n'y avait, en effet, qu'un miracle qui pût guérir notre chère malade, et le moment n'en était pas éloigné. Dans le courant du mois de janvier de cette année 1848, quelques jours après la guérison dont nous venons de raconter les détails, une de nos sœurs étant allée voir la sœur N...., lui dit en terminant une conversation qu'elles venaient d'avoir ensemble au sujet de cette guérison : Eh bien! ma bonne sœur, cela ne vous donne-t-il pas envie de faire aussi une neuvaine à la sainte Vierge pour être guérie ? L'exemple que nous avons sous les yeux est bien capable cependant de vous inspirer de la confiance ! Ainsi que nous l'avons déjà dit, la sœur N.... était tellement persuadée que Dieu la voulait malade, qu'elle n'avait jamais pu se décider à prier pour sa guérison. Elle répondit donc à la sœur qui lui parlait de la sorte, que *rien* n'était capable de lui inspirer de la confiance. Néanmoins, ajouta-t-elle, avec sa gaîté ordinaire, si la sainte Vierge veut me guérir, je le veux bien, moi aussi; mais alors qu'elle me le dise dans un rêve! sans cela, je ne lui demanderai jamais ma guérison!.... La sœur qui la visitait lui ayant objecté qu'elle voulait des choses extraordinaires, et la sœur N.... ayant répondu à son tour qu'un rêve n'était pas si extraordinaire, puisque tout le monde rêvait, la conversation en demeura là. Il est à remarquer que cette conversation impressionna si peu notre sœur malade qu'elle en perdit immédiatement le souvenir, jusqu'à l'époque où, par une condescendance bien marquée de la sainte Vierge, elle fit le rêve que voici. Etant profondément endormie, et par conséquent à l'abri de toute illusion des sens, elle s'imagina être sur la montagne de *la Salette*, avec grand nombre de personnes qui allaient demander des grâces à la sainte Vierge. Là, elle entendit une voix qui lui dit, en l'appelant par son nom : Sœur N...., la sainte Vierge veut vous guérir, mais elle y met pour condition que vous le lui demandiez. Comme la sœur N.... paraissait d'abord ne pas faire grande attention à ces paroles, la même voix les lui répéta jusqu'à cinq reprises différentes; seulement, la dernière fois, ce fut avec une sorte d'impatience, comme si on lui reprochait le peu de cas qu'elle semblait faire de cet avertissement. Alors la sœur N.... éprouva tout d'un coup un sentiment de joie et de confiance extraordinaire. L'impression en fut si vive qu'elle se réveilla, et aussitôt se rappelant sa conversation avec la sœur St-B... elle éprouva en effet un sentiment de confiance qu'elle n'avait jamais eu auparavant. Elle nous a avoué depuis, que dès ce moment-là, elle a été *assurée* de guérir.

Aussitôt qu'elle put me voir, elle me raconta son rêve, en me demandant la permission de faire une neuvaine à la sainte Vierge pour lui demander sa guérison. Elle était encore, en me parlant, toute hors d'elle-même. J'accédai volontiers à son désir, et de plus je lui promis de faire faire la neuvaine à toute la communauté. Nous commençâmes cette neuvaine le lendemain, et notre chère sœur, dès ce même jour, commença à boire quelques gouttes d'eau de la fontaine de la *Salette*, ce qu'elle devait continuer jusqu'à la fin de la neuvaine. Le premier jour, la malade éprouva un mieux sensible; le troisième jour, elle fit sans aucune fatigue l'exercice du Chemin de la croix, se mettant à genoux à chaque station; le cinquième jour, elle était parfaitement guérie. Elle descendit au chœur, y fit la sainte communion, et puis, quoique en remontant elle se sentît tout à fait bien, elle se remit sur sa couche, comme de coutume, craignant que ce bien ne fût que momentané, ou un effet de son imagination; mais à peine y était-elle depuis une demi-heure qu'une force presque irrésistible la porte à en sortir : elle suit cette inspiration, fait elle-même sa couche, et depuis, elle ne s'est plus recouchée dans la journée. Pendant l'espace de dix ans, elle n'avait pu rester levée une heure de suite! Les sœurs qui la rencontrèrent le soir, allant toute seule à la tribune, d'un pas libre et dégagé, en eurent tellement peur, qu'elles la prirent presque pour un fantôme. C'est qu'on n'était pas accoutumé à la voir marcher de la sorte!

Plus de sept mois se sont déjà écoulés depuis cette guérison. Notre chère sœur est toujours parfaitement bien; toutes ses douleurs ont disparu, elle n'en a même aucun ressentiment; elle a seulement besoin de réparer ses forces. Nous avons la consolation de lui voir suivre tous les actes de régularité; elle vient à matines, reste à genoux pendant une heure, fait maigre, etc. Pour un ordre moins austère que le nôtre, on peut dire qu'elle aurait une santé parfaite. Nous sommes toutes dans l'admiration et dans la joie de posséder au milieu de nous une sœur que nous croyions avoir perdue pour toujours, et nous bénissons Marie; car c'est à elle que nous devons ce bonheur.

Sœur MARIE DE SAINT FRANÇOIS,

Abbesse indigne des pauvres Capucines de Marseille.

Cette sœur, alitée depuis dix ans, ayant été vainement traitée par les médecins qui m'ont précédé dans la Maison, je n'avais fait aucune investigation pour diagnostiquer sa maladie, que je considérais comme incurable : aussi ne la voyais-je que rarement.

Un jour, la mère abbesse la fit venir à la visite, et je fus tout émerveillé de la trouver parfaitement bien.

LAIDET,

Médecin des Dames Capucines.

Nous déclarons, comme supérieur du monastère des religieuses Capucines de cette ville de Marseille, qu'il est en notre parfaite connaissance, par les rapports fréquents que notre qualité de supérieur nous a mis à même d'avoir avec cette bonne communauté, que les faits relatés ci-dessus, au sujet de la guérison de deux religieuses, par la révérende mère Saint François, abbesse dudit monastère, sont exactement vrais.

Marseille, le 30 du mois d'octobre 1848.

TEMPIER, *vicaire général.*

Vu pour la légalisation de la signature de M. Tempier, mon vicaire général, et de M. le docteur Laidet, médecin des Capucines.

Marseille, le 30 novembre 1848.

(L. S.) † C. J. Eugène,
Evêque de Marseille.

V. Diocèse de Lyon. Guérison de Marguerite Guillot, de Lyon, place Bellecour, 9.

Nous soussigné, assistant de la société de Marie, à Lyon, attestons selon notre conscience devant Dieu et comme témoin oculaire, que mademoiselle Guillot (Marguerite), de Lyon, place Bellecour, n° 9, a été guérie miraculeusement par l'intercession de Notre-Dame de la Salette.

Malade depuis dix ans, mademoiselle Guillot souffrait continuellement et ne pouvait ni travailler ni marcher sans s'exposer à de violentes douleurs. Ses douleurs augmentèrent avec une grande intensité le 30 mai 1848. Elle fut obligée de s'aliter tout à fait. Bientôt la maladie devint alarmante. M. Berlioz, son médecin, jugea prudent de la faire administrer. Et je préparai la malade à la mort. Je n'eus pas besoin de longues exhortations ; c'était la bonne nouvelle qu'elle attendait depuis longtemps.

Mais Dieu voulait la guérir pour la gloire de la Salette. Le médecin ayant déclaré que les ressources de l'art étaient désormais impuissantes, nous nous adressâmes à la sainte Vierge. Toute la famille fit une neuvaine à Notre-Dame de la Salette. La malade s'y unit. On récita chaque jour le chapelet, on assista à la sainte messe, on fit une communion à cette intention.

La malade buvait soir et matin de l'eau de la fontaine miraculeuse, et chaque fois qu'elle en prenait, elle se trouvait un peu soulagée. On espérait avec confiance, lorsque le huitième jour de la neuvaine, la malade resta comme agonisante après un accès terrible de douze heures.

Mais le lendemain, fête de la Nativité de la sainte Vierge, était le jour du miracle.

Il était sept heures du matin, toute la famille était à la sainte messe; on y pria avec ferveur, mais aussi avec résignation. Mais quelle ne fut pas la surprise de toutes les sœurs de la malade, et la mienne, de la trouver levée, habillée, marchant, agissant comme si elle n'avait jamais été malade; elle avait été guérie subitement pendant le saint sacrifice. Que de larmes de joie, quelle reconnaissance envers la bonne Dame de la Salette!

La guérison a été et est encore constante. Jamais la miraculée ne s'est mieux portée.

Elle a été elle-même remplir son vœu à la Salette quelque temps après. Et elle sera une preuve frappante de la vérité du miracle de l'apparition de la sainte Vierge. Je ne suis pas le seul témoin de ce fait de la toute-puissance de Marie, et je suis heureux d'en avoir été le faible mais bien reconnaissant instrument, et suis prêt à le confirmer de toute l'autorité de ma foi.

Lyon, 24 mars 1849.

EYMARD, *assistant de la Société de Marie.*

Vu pour légalisation de la signature du R. P. Eymard, assistant de la Société de Marie.

Lyon, le 24 mars 1849.

(L. S.) GRANGE, *vic. génér.*

J'approuve le miracle comme témoin.

MARCEL, *prêtre;* CHAMPIN, *doct.-méd.;* J.-L. BERLIOZ, *doct.-méd.;* GAUDIER; BARILLOT; L. VACHON; GAUDIOZ (Claude).

Les mêmes faits sont consignés dans une relation faite et certifiée véritable par Marguerite Guillot elle-même. Cette relation porte la date du 21 novembre 1848.

Moi Jean-Louis Berlioz, docteur-médecin, demeurant à Lyon, certifie avoir donné mes soins à mademoiselle Marguerite Guillot, dans une maladie qui prit le caractère d'une fièvre muqueuse, compliquée d'une irritation des plus fortes dans les organes du bas-ventre. Cette maladie survenue à la suite de fatigues et de malaises négligés, s'offrit avec un caractère extrêmement aigu. Les redoublements qui avaient lieu deux fois par jour, se montrèrent avec des symptômes nerveux qui se portèrent sur le bas-ventre, ensuite sur l'estomac et sur la tête. Ces redoublements mirent la malade dans l'impossibilité de prendre des boissons, si ce n'est à petites doses, et encore elles ne passaient que lorsque la fièvre se calmait un peu.

Pour combattre cette fièvre, on s'en tint d'abord aux adoucissants, qui ne diminuèrent pas beaucoup ni la fièvre, ni les redoublements. Au bout de six semaines, les redoublements étaient si forts que l'on craignit que la malade ne succombât. Cette crainte fit qu'on l'administra. La fièvre parut un peu se calmer dans l'intervalle, ce qui nous engagea à avoir recours aux légères préparations de quina par l'estomac. Il n'y avait pas moyen de les employer en lavements, vu la grande sensibilité du bas-ventre. On voulut l'employer en potion; mais n'ayant pas considéré la grande sensibilité de l'estomac, cette potion qui était faite avec une préparation de quinquina, causa une douleur très-vive à la malade. Alors on employa une préparation beaucoup plus légère qui n'irrita pas autant, mais elle ne diminuait pas de beaucoup les redoublements.

Alors la malade, voyant que les moyens humains

ne faisaient pas grand'chose, eut recours à la sainte Vierge. Elle fit une neuvaine à Notre-Dame de la Salette, et promit, si elle guérissait, d'aller à la Salette remercier la sainte Vierge. Dès que la neuvaine eut commencé, les redoublements augmentèrent. Enfin, la fièvre céda complétement à la fin de la neuvaine, et la malade passa de suite d'un état maladif à l'état d'une parfaite convalescence. Car elle se leva avec autant de force qu'en pleine santé, et si on ne l'en avait pas empêchée, elle serait allée à la messe, dès le matin même, pour y communier. Se voyant libérée, et les forces revenant toujours de plus en plus, elle pensa au vœu qu'elle avait fait.

Elle vint me consulter sur ce qu'elle avait à faire. « Si vous voulez accomplir votre vœu, lui dis-je, il » faut le faire de suite, parce que dans quelques jours, » la saison deviendra froide, le neige tombera et vous » ne pourrez plus le faire qu'au mois de juin. » Elle me crut et partit pour la Salette, les premiers jours d'octobre. Elle eut un très-beau temps pendant tout le voyage. La voiture qui la fatiguait ordinairement, ne lui fut nullement contraire. Elle gravit la montagne sur une monture et ne fut point fatiguée. Elle descendit ensuite à pied. Le lendemain, la neige couvrait la montagne. Elle est revenue ici sans aucune fatigue et elle est montée de même à Fourvière. Elle est venue me voir, je l'ai trouvée dans l'état d'une parfaite santé, état qui, avec la grâce de Dieu et la protection de la Sainte Vierge, se soutiendra.

Lyon, ce 7 novembre 1848.

J.-L. BERLIOZ.

VI. Diocèse de Fréjus. Trois guérisons parfaitement attestées.

I. *Guérison d'Honorine-Françoise Curel, de Tourrettes-les-Vence.*

PROCÈS-VERBAL DE CETTE GUÉRISON MIRACULEUSE.

Quand je fus nommé curé de la paroisse de Tourrettes-les-Vence, en 1839, mademoiselle Honorine Curel était atteinte, depuis plus d'un an, de la longue et cruelle maladie, dont elle a été guérie subitement et sans convalescence aucune, le 24 juin 1849, par l'intercession de Notre-Dame de la Salette, et l'usage de l'eau bénie de la fontaine miraculeuse auprès de laquelle notre divine Mère est apparue aux deux jeunes bergers.

Douée d'une excellente constitution, mais d'une extrême sensibilité, Honorine Curel, que je connais depuis sa plus tendre enfance, avait joui de la santé la plus parfaite jusqu'à l'âge de 18 ans. Elle eut le malheur de perdre à cette époque une mère pour laquelle elle avait l'affection la plus tendre. Cette perte, arrivée, le 17 avril 1839, commença cette longue série de souffrances que je ne saurais décrire quoique j'en aie été témoin.

Le dérangement de la santé de notre ex-malade débuta par de violentes attaques de nerfs, qui se renouvelaient fréquemment, accompagnées de fortes convulsions qui duraient quelquefois plusieurs heures, et qui occasionnèrent une palpitation de cœur continuelle. Durant les trois premières années, les symptômes et les effets de la maladie avaient été à peu près les mêmes. Quand les convulsions avaient cessé, la malade pouvait vaquer à ses occupations ordinaires. Tous les secours de la médecine lui furent prodigués par les hommes de l'art les plus distingués de la contrée : par MM. les docteurs Raptuel, d'Antibes, Reybaud, de la Colle, entre autres, mais inutilement. La fréquence des attaques et la violence des convulsions minèrent peu à peu toute l'économie du corps, et la maladie se présenta avec de nouveaux effets. Les attaques des nerfs furent toujours suivies de vomissements, de douleurs d'estomac et de fièvres qui duraient plusieurs mois et qui nécessitaient l'emploi de médicaments variés, mais surtout de saignées générales et locales, d'applications de sangsues et de vésicatoires à l'estomac. Ce traitement, qui a continué à peu près jusqu'au jour de la guérison, soulageait la malade pour quelques jours, jusqu'à une nouvelle attaque qui ne se faisait pas attendre longtemps.

En 1845, le système nerveux devint tellement impressionnable que la moindre émotion, le plus léger bruit, la cause la plus futile, suffisait pour occasionner de nouvelles attaques, et à leur suite, toujours et inévitablement les vomissements, les douleurs d'estomac et la fièvre qui a eu duré plus de six mois. En 1846, les attaques de nerfs établirent leur siége dans la tête. Il serait difficile de s'imaginer des douleurs plus cruelles que celles que la malade endurait dans ces crises qui duraient plusieurs jours, et une fois, plus d'un mois. Quand le mal était arrivé à son plus haut degré d'intensité, la malade tombait dans un évanouissement plus ou moins long, d'où elle ne revenait que pour recommencer de nouvelles souffrances. A la suite de ces douleurs atroces, les fonctions digestives, malgré les remèdes employés, s'altérèrent profondément ; la déglutition des aliments, même des liquides, devint à plusieurs reprises et pendant fort longtemps, complétement impossible, et la nutrition ne put avoir lieu qu'imparfaitement par des lavements de bouillon qui, à la rigueur, suffisaient à la conservation de la vie, mais qui ne pouvaient empêcher la maigreur de devenir effrayante. La malade se trouva plusieurs fois en danger de mort pendant ces années. Je lui administrai plusieurs fois le saint Viatique, mais toujours avec cette crainte qu'elle ne pût avaler les saintes Espèces ou les retenir dans son estomac. Je puis ajouter sans craindre de blesser la vérité, que les deux dernières années de la maladie, Honorine Curel les a passées au lit et avec la fièvre. Si elle a eu par intervalles quelques jours de relâche, elle était toujours dans un tel état de faiblesse et d'épuisement, qu'à peine pouvait-elle, avec l'aide d'une personne, aller jusqu'à la paroisse qui est très-rapprochée de sa maison.

Enfin, le 31 mars 1849, une nouvelle épreuve vient assaillir Honorine Curel. Il y avait peu de jours qu'elle avait pu quitter le lit, et se faire conduire une fois ou deux jusqu'à la paroisse. On lui annonce la mort d'une tante qu'elle aimait comme une seconde mère. Elle est à l'instant saisie dans tous ses membres. Jamais je n'avais vu une crise plus terrible. La malade passa quarante-huit heures dans des convulsions horribles et dans une espèce de délire. Pendant plus de huit jours, il lui fut impossible de faire pénétrer même une goutte d'eau dans son estomac, quoiqu'elle fût dévorée d'une soif ardente. Il fallut se contenter de lui mouiller de temps en temps le bout des lèvres; jusqu'au moment de la guérison miraculeuse, la malade n'a plus pu quitter le lit. Sa nourriture n'a consisté que dans quelques tasses de potage, ou dans quelques autres aliments maigres, tout à fait insuffisants et dont elle se bornait à extraire une partie du suc par la succion; la fièvre et la palpitation ont été continues, les nuits sans sommeil; et pour hâter une fin qui ne pouvait être que fâcheuse et dans un temps peu éloigné, le bas-ventre était devenu le siége d'une inflammation qui résistant aux applications répétées de sangsues, aux bains émollients de toute nature, se termina par une tumeur très-profonde et très-douloureuse à la pression. M. le docteur Leth, qui donnait ses soins à la malade, lui avait dit quelquefois : Si je connaissais un médecin ou un remède qui pût vous guérir, j'irais moi-même vous le chercher, serait-il à Marseille ou à Montpellier.

Ce fut dans cet état déplorable et lorsque tout faisait craindre une mort prochaine, que je rencontrai chez la malade, l'ouvrage de M. l'abbé Rousselot sur la vérité de l'apparition de la sainte Vierge sur la montagne de la Salette, que quelque amie lui avait prêté. J'en fis la lecture : je dis ensuite à la malade que son unique remède était le secours de la Vierge de la Salette et l'usage de son eau bénie ; que Marie seule pouvait la guérir. Honorine Curel, qui avait toujours eu une tendre dévotion pour la sainte Vierge, et qui avait été un modèle de patience et de résignation dans sa longue maladie, entra parfaitement dans ma pensée ; elle commença par se recommander chaque jour à Notre-Dame de la Salette dont elle avait une médaille.

Je m'adressai à M. Mélin, archiprêtre de Corps, qui eut la bonté de nous envoyer de l'eau de la Salette et d'autres objets de piété qui se rattachent à l'apparition. La demande était à peine partie, que la malade me répétait souvent : Oui, il me semble que je serai guérie quand j'aurai le bonheur de recevoir de l'eau miraculeuse de la Salette. Aussi, l'attendait-elle avec une sainte impatience.

Enfin, cette eau tant désirée arriva le 23 juin, veille de la saint-Jean. Depuis le commencement de la semaine, la malade souffrait davantage ; la tumeur semblait prendre un plus grand développement. Mais le grand remède était arrivé ; Honorine Curel proteste n'en vouloir plus d'autres ; elle enlève les cataplasmes

qui, depuis trois mois, recouvraient la partie malade, enlève les vésicatoires, etc., etc.... boit de cette eau, en imbibe des compresses qu'elle applique sur son corps. Nous commençons la neuvaine à Notre-Dame de la Salette. Le soir du même jour, j'allai encore voir la malade. Elle me dit qu'elle souffrait beaucoup. Je n'en fus pas surpris; (elle n'avait jamais pu quitter son cataplasme pour un quart d'heure, sans que l'inflammation devînt plus intense). Je lui répondis cependant, pour ranimer et soutenir sa confiance en Marie, que si elle souffrait davantage, c'était une marque que la sainte Vierge voulait la guérir!! Oh! me dit-elle alors, si demain j'allais à la sainte messe, si vous me voyiez arriver à la paroisse! Marie pourrait bien le faire, elle n'aurait qu'à le vouloir!! Il semble que la sainte Vierge lui avait fait entendre qu'elle serait guérie le lendemain. J'osais espérer de notre bonne et tendre Mère, qu'on n'a jamais invoquée en vain, une grâce que nous lui demandions et qu'on lui demandait dans le lieu même de son apparition, pour sa gloire et celle de son divin Fils; une grâce qui pût faire impression sur mes paroissiens, réveiller les cœurs indifférents, faire cesser les blasphèmes et la profanation du saint jour du dimanche; mais je n'aurais jamais osé espérer que cette grâce fût aussitôt accordée. Aussi avais-je dit à la malade, le soir de ma dernière visite : « nous ferons une neuvaine, nous en ferons une se-
» conde, puis une troisième, jusqu'à ce que notre bonne
» Mère nous ait exaucés : Dieu veut la persévérance. »
Mais que Marie est une mère compatissante! Quelle hâte de secourir ses enfants! Le lendemain dimanche, jour de la saint-Jean, sur les quatre heures et demie du matin, on vint m'annoncer que la malade était guérie et levée. Je ne crus pas d'abord à la guérison. J'allai chez la malade, je la trouvai dans l'état qu'on m'avait dit.

Voici comment notre miraculée raconte elle-même sa guérison :

Après une nuit de souffrances et d'insomnie, sur les trois heures et demie du matin, elle récite le chapelet, le *Souvenez-vous* et les Litanies de la sainte Vierge. Pendant la récitation des Litanies, elle éprouve une forte agitation, comme une attaque de nerfs. Il lui vient la pensée de se lever et d'aller prendre elle-même l'eau de la Salette qui est dans sa chambre; mais une crainte, celle de ne pouvoir se soutenir, la retient. Elle se reproche bientôt cette crainte, comme un manque de confiance en Marie. Lève-toi, se dit-elle; si tu tombes on te relèvera. Elle descend du lit, se trouve ferme sur ses pieds, elle peut marcher. La domestique qui a entendu du bruit a accouru. Elle est saisie d'effroi en voyant sa maîtresse levée et se promenant dans sa chambre; elle croit que c'est l'approche de la mort qui la fait agir. Notre ex-malade, dans l'effusion de la plus vive reconnaissance envers sa divine protectrice, embrasse son image qu'elle couvre de baisers, entre dans l'appartement de son père qui s'est levé en entendant du bruit, se jette entre ses bras en s'écriant : mon père, je suis guérie, la sainte Vierge m'a guérie; buvez aussi de cette eau miraculeuse. Je vais m'habiller, lui dit-elle, et nous irons remercier la sainte Vierge à la paroisse. La tumeur avait disparu instantanément sans aucune évacuation ; elle n'éprouve plus la moindre douleur; elle peut toucher, appuyer même fortement cette partie sans la plus légère sensation désagréable, quoique quelques instants auparavant elle ne pût y toucher même légèrement. Elle va, elle vient dans la maison, descend et monte l'escalier sans difficulté. Son bon père qui la suit, peut à peine en croire ses yeux. Dans cet intervalle, le docteur arrive. Quelle n'est pas sa surprise en voyant la malade levée et allant au-devant de lui! Elle lui raconte comment elle a été guérie et le remède qu'elle a employé. Le docteur veut s'assurer de la disparition de la tumeur ; il palpe, il presse fortement ; il est obligé d'avouer qu'il y a là de l'extraordinaire. Cependant, notre ex-malade n'a pas oublié ce qu'elle doit à son auguste libératrice. Elle va la remercier à la paroisse, revient ensuite assister à la messe du prône, et le soir aux vêpres et à la procession en l'honneur du saint Cœur de Marie, qui se fait sur la place de la paroisse, le dernier dimanche de chaque mois : tout cela sans l'aide de personne, quoiqu'elle soit dans un état de maigreur voisin du marasme. Pendant toute la journée, on s'empresse d'aller voir la miraculée. Elle se levait pour aller recevoir toutes les personnes qui venaient la visiter ; elle causait avec chacune d'elles, leur racontait comment la sainte Vierge l'avait guérie, et tout cela avec tant d'aisance, que l'on aurait pu douter, s'il était bien vrai qu'elle fût si malade depuis trois mois, et la veille encore ; le soir, elle était aussi forte et aussi joyeuse que le matin ; elle se couche à neuf heures, et le lendemain, après une nuit excellente, se lève à cinq heures.

Notre bonne Mère n'a pas seulement guéri et fait disparaître la tumeur, elle a encore voulu que la guérison fût entière sur tous les points : attaques de nerfs, palpitations, fièvres et autres symptômes précédemment décrits, tout a disparu et cessé en même temps. Le système nerveux est revenu à l'état normal ; il n'est plus impressionnable que dans une juste mesure. Le dégoût de tout aliment gras a cessé. Dès l'instant de la guérison, Honorine Curel a pu prendre du gras dont l'horreur était extrême chez elle, depuis environ deux ans, jusqu'à n'en pouvoir supporter l'odeur. Elle prend indistinctement toute sorte de nourriture comme avant la maladie, et malgré la maigreur, seule marque encore subsistante de la longue maladie, mademoiselle Honorine Curel, dont la santé se soutient et gagne tous les jours, peut vaquer, depuis l'instant de sa guérison, aux soins d'une maison importante, et s'occuper encore des malades et des pauvres qu'elle soigne, et dont elle n'a jamais cessé d'être la bienfaitrice. Le jour de l'Assomption, elle a pu avec trois autres demoiselles, porter à la procession la statue de la sainte Vierge qui est assez grande et assez pesante avec son brancard. Elle a pu la porter pendant toute la procession, quoiqu'on soit dans l'usage de se remplacer lorsqu'on en est arrivé au milieu du pays, parce que nos rues sont fort difficiles.

Tous ces faits que je viens d'exposer ont pour témoin la population entière de la paroisse qui compte 1200 habitants, dont je pourrais, au besoin, invoquer le témoignage; ils sont d'ailleurs d'une notoriété publique dans une grande partie de l'arrondissement de Grasse.

A Tourrettes-les-Vence, ce 1er septembre 1849.

BÉRARD, *curé*.

Je soussignée, guérie miraculeusement par l'intercession de la sainte Vierge et l'usage de l'eau de la Salette, déclare que les faits contenus dans la relation ci-dessus sont véritables et renferment l'exacte vérité.

Honorine-Françoise CUREL.

Les soussignés, tous habitant la paroisse de Tourrettes-les-Vence, connaissant parfaitement l'état maladif depuis une douzaine d'années de mademoiselle Honorine Curel, et la guérison instantanée, ont bien voulu joindre leur signature à la nôtre pour attester la vérité des faits contenus dans la relation ci-dessus.

CUREL père.

Le maire de la commune de Tourrettes (près Vence), certifie qu'il est à sa parfaite connaissance que l'exposé contenu dans le présent procès-verbal ne renferme que l'exacte vérité.

Tourrettes, le 2 septembre 1849.

Le maire, GARENT.

Ont signé 16 autres personnes notables, dont 6 conseillers municipaux, un prêtre, un notaire, un négociant, etc.

Vu pour légalisation de la signature de M. Bérard, curé de la paroisse de Tourrettes-les-Vence. Nous attestons que les faits relatés ci-dessus sont arrivés à notre connaissance par diverses autres voies.

De notre palais épiscopal, à Fréjus, le 9 septembre 1849.

† CASIMIR-ALEXIS, *év. de Fréjus.*

LETTRE DE MGR L'ÉVÊQUE DE FRÉJUS,

A M. Curel, curé de Valbonne et frère de la miraculée.

Monsieur le Curé,

J'approuve fort que vous alliez à la Salette, remercier la sainte Vierge des grâces signalées que madame votre sœur a reçues par l'entremise de cette tendre et puissante Mère.

J'ai lu, M. le Curé, avec un vif intérêt et une égale reconnaissance, tous les détails qui m'ont été transmis par M. le recteur de Tourrettes, sur la guérison de madame votre sœur; et je suis tout à fait porté à y voir tous les caractères d'un vrai miracle. Dans le même temps, à peu près, un fait de même nature, non non moins touchant et non moins surprenant, se produisait sur un autre point du diocèse, à Saint-Cyr, et remplissait toute une population de joie et d'une profonde vénération pour Notre-Dame de la Salette.

Veuillez vous souvenir de moi dans votre pèlerinage, M. le Curé, et recommander à l'auguste Mère de Dieu les innombrables besoins et misères de son pauvre serviteur.

Recevez aussi, M. le Curé, l'assurance de mon affectueux dévouement en Notre-Seigneur.

† CASIMIR, *évêque de Fréjus.*

Fréjus, le 24 août 1849.

CERTIFICAT DE M. LETH, DOCTEUR-MÉDECIN,

à Vence, sur la guérison de mademoiselle Honorine Curel.

Je soussigné docteur en médecine de la faculté de Paris, résidant en la ville de Vence, département du Var, certifie avoir donné mes soins, après plusieurs de mes confrères et pendant trois années consécutives, à mademoiselle Curel (Honorine), fille de M. Curel, adjoint à la mairie de Tourrettes (près Vence), et avoir fait sur elle les observations suivantes :

Perturbation générale et profonde des fonctions du système nerveux, et par suite, sensibilité très-exagérée et se développant sous l'influence de la cause la plus futile ; névralgies diverses d'une opiniâtreté extrême, dérangement complet des fonctions digestives, dégoût invincible pour tout aliment tiré du règne animal, à diverses époques, et toujours pendant un temps assez long ; constriction du pharynx rendant toute déglutition absolument impossible et nécessitant l'emploi de lavements nutritifs ; insomnie habituelle et des plus fatigantes ; état fébrile à peu près continu, et souvent accompagné de violentes palpitations, même à l'état de repos; menstruation peu abondante et irrégulière; maigreur voisine du marasme; décoloration de la peau, et dans les trois derniers mois qui ont précédé la guérison de mademoiselle Curel, et pendant lesquels elle n'a pas pu quitter une seule fois le lit; *métro péritonite* sub-aiguë, terminée par un engorgement profond, mal circonscrit, mais très-réel, qui semblait avoir son siége dans le tissu graisseux de la fosse iliaque droite.

Je certifie, en outre, que cet état qui, le 23 juin dernier, était tel que je viens d'essayer de le décrire en peu de mots, et qui devait naturellement m'inspirer les craintes les mieux fondées, a *brusquement* et *complétement* cessé, dans la nuit du 23 au 24 juin, sans l'emploi d'aucun médicament, sans aucune évacuation spontanée apparente, mais uniquement, d'après le dire de la malade et de ses parents, qui méritent toute confiance, par l'effet de l'application extérieure (sur le bas-ventre) et de l'emploi intérieur de l'eau dite de *la Salette*.

Je certifie enfin que, depuis le 24 juin, la guérison de mademoiselle Curel, qui me paraît médicalement inexplicable, se soutient, et que la tumeur abdominale, après avoir *subitement* disparu, en même temps et aussi *complétement* que tous les symptômes très-graves précédemment mentionnés, n'a plus reparu.

La maigreur aujourd'hui bien moindre, grâce à l'influence d'une alimentation et d'un sommeil réparateurs, et les forces qui sont revenues comme par enchantement, n'ont pas cessé de faire des progrès.

En foi de quoi j'ai délivré le présent certificat pour qu'il en soit fait tel usage qu'on jugera convenable.

A Tourrettes près Vence (Var), le 24 août 1849.

LETH, *docteur*.

Le maire de la commune de Tourrettes certifie que

le présent certificat, délivré et signé par M. Leth, docteur en médecine, est tel qu'il le qualifie.

Tourrettes, le 7 septembre 1849.

(L. S.) *Le maire*, GARENT.

Je soussignée, pour la gloire de Dieu et de notre bonne Mère, atteste que ma guérison se soutient, et que depuis le 24 juin dernier, je n'ai plus ressenti aucune atteinte des maux dont j'ai été guérie par la protection de la Vierge de la Salette.

Tourrettes près Vence, ce 15 décembre 1849.

Honorine CUREL.

II. *Guérison de Joséphine Benet, de St-Cyr-du-Var.*

Parmi les faits miraculeux qui se rattachent à l'apparition de la sainte Vierge sur les montagnes de la Salette, il en est un qui s'est passé à Saint-Cyr, diocèse de Fréjus; c'est celui de la guérison instantanée de Joséphine Benet, âgée de 22 ans.

Joséphine Benet, peu de temps après sa première communion, perdit l'usage des jambes et de la parole. La paralysie de la langue était telle que pendant cinq ans elle n'a pu prononcer une seule parole, pas même pousser un cri au moment où sa mère rendait le dernier soupir presque à ses côtés. Retenue sur son lit de douleur, Joséphine n'exprimait ses volontés que par des signes. Les plus habiles médecins de Toulon avaient été consultés en vain; les ressources de l'art étaient impuissantes, lorsque les parents de Joséphine s'adressèrent à Celui qui conduit à la mort et en retire. Les religieuses Capucines du couvent de Marseille font une neuvaine de prières au Sacré-Cœur de Jésus, à laquelle la malade s'unit ; elles indiquent une communion pour le dernier jour ; mais par des causes indépendantes de sa volonté, Joséphine n'eut pas le bonheur de communier ce jour-là. A l'époque du temps pascal, s'étant confessée par signes, comme à l'ordinaire, la sainte communion lui est portée. Une foule de personnes pieuses accompagnaient le saint Sacrement. A peine Joséphine a-t-elle reçu la sainte hostie, qu'elle ressent intérieurement une forte commotion, et aussitôt de s'écrier en présence des assistants et de ses parents étonnés : Que je suis heureuse ! me voilà guérie ! Dès ce moment, Joséphine Benet a parlé distinctement. Cette guérison si prompte et si inespérée eut un grand retentissement dans la contrée ; de toute part on accourait pour entendre de sa bouche même le récit des circonstances qui rendent cette guérison providentielle. Peu à peu Joséphine recouvra l'usage des jambes. Sa guérison était complète ; la joie régnait dans sa famille, mais cette joie ne devait pas être de longue durée.

Deux ans s'étaient à peine écoulés, lorsqu'une de ces maladies cruelles qui défient toutes les ressources de l'art médical, se déclare subitement ; Joséphine est atteinte d'un ulcère cancéreux au côté droit. Le mal fit bientôt d'effrayants progrès. Joséphine ressentait des douleurs intolérables, n'ayant de repos ni la nuit ni le jour, ne prenant pour toute nourriture qu'un peu de lait et de bouillon. Par un sentiment de pudeur qui la rendait martyre, elle refuse constamment le secours d'un médecin ; elle n'ose déclarer sa maladie à personne, pas même à son père et à sa sœur. Cet état de souffrances durait depuis plusieurs mois, lorsque les douleurs devenant de plus en plus insupportables et sa plaie prenant de plus larges proportions, Joséphine se résout enfin à faire connaître à son père la maladie qui met ses jours en danger. La désolation fut bientôt dans cette famille; mais Joséphine, toujours calme et pleine de confiance en Marie, rassure et console son père, le conjure d'aller sans retard à la Salette faire célébrer une messe et commencer une neuvaine à la sainte Vierge, et lui recommande d'apporter de l'eau de la fontaine miraculeuse. Ce père désolé part. Cependant Joséphine met dans la confidence sa sœur cadette, une de ses tantes et trois amies désignées ci-après. Au bout de huit jours, le père arrive; il avait accompli le vœu de sa fille. M. le Curé de la Salette écrit de commencer la neuvaine à la sainte Vierge le 18 juin, et cette neuvaine devait se faire simultanément à Saint-Cyr et à la Salette, dès l'arrivée de son père (c'était le 17 juin 1849). Joséphine, qui attendait avec une vive impatience ce moment, se fait donner de l'eau de la Salette, s'empresse d'en boire, et ayant fait retirer ses parents, elle en lave sa plaie. Au même instant, elle sent qu'une révolution s'opère en elle; elle appelle à son secours et tombe évanouie. Quand elle eut repris ses sens, elle éprouva une fièvre des plus ardentes qui dura tout le jour et toute la nuit; les douleurs étaient devenues plus vives. Le lendemain 18 juin, la neuvaine commence, les personnes pieuses se mettent en prières, une messe est célébrée à l'intention de Joséphine. Le saint sacrifice n'était pas encore terminé que la malade éprouva un peu de calme; le mieux se soutint pendant toute la journée. Le mardi 19, le sommeil fut tranquille. Le mercredi 20, Joséphine se lève, assiste au repas de sa famille et y prend part. Le lendemain, à son réveil, la plaie était non-seulement cicatrisée, mais il n'en restait plus de traces. Enfin, le dernier jour de la neuvaine, Joséphine vient faire la sainte communion en action de grâces dans l'église de Saint-Cyr, distante de son domicile d'environ deux kilomètres. Deux mois après,

Joséphine Benet, qui jouit aujourd'hui d'une parfaite santé, fit le pèlerinage de la Salette pour rendre grâces à la sainte Vierge d'une guérison aussi instantanée que providentielle.

Lecture à eux faite du présent rapport, Joséphine Benet, Généreux Benet son père, Victorine Benet sa sœur, Adélaïde Gardon, née Bosq, sa tante, Iphigénie Giraud, Rosalie Reynier et Marguerite Brun, ont tous attesté qu'il contient la vérité, et l'ont signé avec nous Chanoine honoraire de Fréjus et d'Ajaccio, recteur de la paroisse de Saint-Cyr, à l'exception de Joséphine Benet, d'Adélaïde Gardon et de Rosalie Reynier qui ont déclaré ne savoir signer, de ce interpellées.

Fait à Saint-Cyr (Var), le 26 janvier 1850.

    Généreux BENET; Magloire GIRAUD, *chan. rect.*; Iphigénie GIRAUD; Marguerite BRUN; Victorine BENET.

Vu à l'Evêché de Fréjus pour légalisation de la signature de M. Magloire Giraud, chanoine, recteur de la paroisse de Saint-Cyr.

Fréjus, le 3 février 1850.

    VINCENT, *archid. vic. génér.*

Voyez plus haut, page 204, la lettre de Monseigneur l'Evêque de Fréjus, dans laquelle le Prélat fait mention de cette guérison arrivée à Saint-Cyr.

III. Guérison d'Anaïs Aubert, de St-Laurent-du-Var.

RAPPORT SUR CETTE GUÉRISON.

(D'après des renseignements pris sur les lieux, mademoiselle Anaïs Aubert est née le 25 janvier 1822 ; elle a commencé à être malade à 17 ans.)

Malade depuis onze ans, mademoiselle Aubert n'attend plus de la médecine aucun soulagement. Plusieurs fois, la science lui a fait entendre cette désolante parole : je ne puis plus te guérir. Comment le pourrait-elle, alors que chez elle, combattre un mal, c'est en favoriser un autre ?

Le rapport ci-joint du médecin sur son état morbide est la preuve de ce que j'avance.

Elle est donc condamnée à souffrir toute sa vie.

Mais un jour, l'espérance revient à son cœur. Elle a entendu parler d'une guérison miraculeuse arrivée dans les environs par l'intercession de Notre-Dame de la Salette. Dès cet instant, elle n'a plus d'autre désir que d'avoir de l'eau de la fontaine miraculeuse. L'eau demandée à M. le Curé de Corps lui arrive la veille de la fête de la Nativité de la sainte Vierge. Déjà elle s'est préparée par la prière à obtenir la grâce qu'elle veut demander à la bonne Mère. La neuvaine, commencée à cette intention, finissait ce jour-là. Mademoiselle Anaïs était alors levée ; mais elle n'était plus sortie depuis le 7 du mois de juin. Elle commence à boire de l'eau dans l'après-midi. Le soir, en se mettant au lit, elle en applique un linge imbibé à son cou, un autre sur la région du cœur, un autre à son genou. Cependant, le lendemain matin, son état, loin de s'être amélioré, est devenu plus critique. Ses crachats se sont arrêtés, et de son gosier s'échappe à peine un murmure sourd comme le râle d'un agonisant. Un vésicatoire, appliqué au bras par l'ordre du médecin, contribue à le dégager, mais ne fait pas disparaître les douleurs qu'elle éprouve dans cette partie; elle continue à ressentir aussi celles du côté qui sont si violentes qu'elle ne peut supporter la plus légère pression. Sa jambe est toujours contractée par suite des douleurs qu'elle a éprouvées depuis longtemps au genou, et qui ont nécessité, mais inutilement, l'emploi de sangsues et de vésicatoires.

Elle ne peut prendre presque aucune alimentation. Quelques cuillerées de bouillon suffisent pour exciter ses vomissements. En un mot, condamnée à garder le lit pendant onze jours, elle voit ses souffrances augmenter à tous les instants; sa faiblesse devient extrême, son état toujours plus alarmant. On la dirait toucher à sa dernière heure.

Mais malgré la violence de ses douleurs, sa foi est toujours vive, son espérance toujours ferme; elle n'a pas cessé de boire plusieurs fois par jour de l'eau miraculeuse, et de répéter constamment : Je serai guérie le 19. Quelqu'un lui ayant demandé, le 18 au soir, si elle dormait la nuit : Non, répondit-elle, depuis longtemps je ne dors plus; mais cette nuit je dormirai; et, en m'éveillant je serai guérie.

Cette parole s'est accomplie à la lettre. Après avoir souffert plus cruellement que jamais jusqu'à trois heures du matin, Mademoiselle Anaïs s'est alors endormie comme par enchantement. Eveillée à cinq heures pendant quelques minutes, par le passage d'une voiture, elle s'est rendormie jusqu'à huit. S'éveillant alors tout de bon, elle s'est trouvée guérie. Et contre l'ordre du médecin, elle s'est levée sans hésiter, s'est habillée toute seule, malgré son état de faiblesse. Et le lendemain, elle est allée entendre la messe, et remercier la sainte Vierge de sa guérison.

Depuis, elle continue d'aller bien. Ainsi l'attestent les personnes soussignées, comme elles certifient le rapport ci-dessus.

> RAIMOND, *maire*; J. MAUREL, *d. m.*; MENU, *curé de St-Laurent*; AUBERT, *née* BEAUGÈS; Anaïs AUBERT; Joseph AUBERT; Honorine AUBERT; CASTILLON, *instit.*; MARTIN (Honoré); CARTILLON; *adj.*; MICHEL; COTTE, *receveur principal des douanes*; CASSANO, *s.-insp. des douanes*; SAGET.

Vu à l'Evêché de Fréjus pour légalisation de la signature de M. Menu, curé de la paroisse Saint-Laurent-du-Var.

Le 31 janvier 1850.

(L. S.)   PONS, *vicaire général.*

Je soussigné docteur en médecine, résidant à Cagnes, certifie à l'appui du rapport qu'on vient de lire, avoir soigné à Saint-Laurent-du-Var, pendant plus de cinq ans, mademoiselle Anaïs Aubert qui, pendant ce laps de temps, n'a cessé d'endurer des souffrances horribles provenant des diverses affections dont voici un résumé très-succinct :

Attaquée primitivement d'une bronchite des plus intenses, il arrivait souvent à mademoiselle Aubert de tousser pendant des mois entiers, de manière à briser une poitrine de fer; et, pendant ce temps, elle souffrait habituellement des douleurs très-vives dans les deux côtés de la poitrine, mais principalement dans le côté gauche. Sous l'influence des divers et nombreux remèdes qu'elle prit pour amener quelque soulagement du côté de la poitrine, naquit une gastro-entérite, d'abord légère, mais qui ensuite ne fit qu'augmenter avec les années. Des vomissements violents étaient alors provoqués, par intervalles, par tout ce qu'elle avalait, même par une cuillerée à café de tisane de mauve ; ou bien quand c'était l'entérite qui prenait le dessus, c'étaient des dévoiements par en bas à épuiser rapidement le corps le plus robuste. Plus tard, à la suite de cette vive inflammation de tout le bas-ventre, survint une métrite chronique qui, à certaines époques, amenait périodiquement tous les mois, des tranchées utérines intolérables. Joignez à tout cela un état nerveux des plus irritables, de fréquentes attaques de nerfs, des syncopes de plusieurs heures, des hoquets de plusieurs jours, des céphalalgies opiniâtres, des douleurs dans les articulations, etc., etc, et vous n'aurez qu'une idée encore imparfaite des divers états pathologiques dont avait à souffrir presque continuellement mademoiselle Anaïs Aubert.

On comprend aisément combien dans une pareille situation la malade devait dépérir rapidement, et combien courts devaient être les jours que la Providence lui accordait encore sur cette terre ! Eh bien ! au moment où l'on désespérait d'elle plus que jamais ; lorsque l'art ne pouvait plus rien, arriva la bienheureuse eau de la Salette ; mademoiselle Anaïs Aubert en but pendant plusieurs jours, en appliqua sur les parties les plus douloureuses de son corps, et au jour fixé par elle, qui devait être le mercredi 19 septembre 1849, toutes ces maladies se sont dissipées comme par enchantement. La malade s'est levée ce jour-là, s'est vêtue seule, a marché dans toute la maison, etc. Le lendemain 20 septembre, elle est allée à la messe, et depuis elle s'est livrée même à des occupations pénibles dans sa maison, sans qu'aucune rechute, ni souffrance soit venue prouver que sa guérison n'était pas complète. Tout médecin a cessé de la voir depuis, et son état continue d'être celui d'une personne entièrement guérie d'une grave maladie.

En foi de quoi j'ai ajouté le présent rapport très-succinct, au rapport qui précède.

A Cagnes, le 27 janvier 1850.

J. MAUREL, *d. m.*

A M. le Curé de Corps, le Maire de St-Laurent-du-Var (Var).

Monsieur et respectable Curé,

J'ai l'honneur de vous envoyer avec un bonheur qui est plus facile à sentir qu'à décrire, le rapport de la guérison de mademoiselle Anaïs Aubert de Saint-Laurent-du-Var, et le certificat de M. Maurel, docteur en médecine, lequel a constamment suivi mademoiselle Anaïs Aubert, pendant les longues années de sa terrible maladie.

Je dois, comme maire et comme ami de la famille Aubert, chez laquelle je vais depuis mon bas âge plusieurs fois par jour, affirmer sur mon âme et conscience que le rapport et le certificat ci-inclus portent avec eux, le cachet de la plus exacte vérité.

J'ai l'honneur d'être, M. et respectable curé, avec un bien profond respect, votre très humble serviteur,

RAIMOND, *maire.*

Saint-Laurent, ce 2 mars 1850.

M. COTTE, *rec. principal des douanes*, l'un des témoins, dans une lettre du 11 mars 1850, atteste la réalité de cette guérison prodigieuse ; depuis six ans il connaissait la malade.

Lettre adressée à M. le Curé de Corps, par mademoiselle Anaïs Aubert, de St-Laurent-du-Var.

Monsieur le Curé,

Je croirais manquer à mon devoir de la plus juste reconnaissance, si je passais plus longtemps sans vous remercier de la bonté que vous avez eue, il y a quatre mois, de m'envoyer de l'eau miraculeuse de la Salette. Je suis heureuse de pouvoir vous annoncer le bienfait que cette eau m'a procuré. Abandonnée depuis longtemps des médecins, la sainte Vierge a voulu manifester en moi sa toute-puissance ; ce que les hommes ne pouvaient plus, elle l'a accompli en ma faveur. Depuis le 19 septembre, je suis complétement guérie. Oh! permettez-moi, M. le Curé, de vous faire partager toute la joie que j'éprouve de cette grâce précieuse. Permettez-moi de vous prier de remercier pour moi la bonne Mère d'une faveur qui m'oblige envers elle à une éternelle reconnaissance, et souffrez qu'en me recommandant moi-même à vos ferventes prières, je me dise, avec le plus profond respect,

Monsieur le Curé,

Votre très-humble et très-obéissante servante.

Anaïs AUBERT.

Saint-Laurent-du-Var, 23 janvier 1850.

VII. Diocèse d'Arras. Quatre guérisons.

I. *Guérison de Charles-Barthélemy Delattaignant, brigadier de douane, à Calais.*

PREMIÈRE RELATION FAITE PAR LUI-MÊME.

Je soussigné Charles-Barthélemy Delattaignant, brigadier de douane, à Calais, certifie avoir été miraculeusement guéri par Notre-Dame de la Salette, à la suite de deux neuvaines faites en son honneur, dans lesquelles j'ai fait usage de l'eau merveilleuse de la Salette et porté la médaille. En reconnaissance de ce bienfait, je vais essayer de dire ce que je ressentais dans ma maladie. Je serai toujours bien en dessous de la réalité.

Comment, en effet, pouvoir redire exactement toutes les angoisses qui serraient mon cœur comme avec des tenailles depuis environ onze mois? Qu'on se représente un homme toujours poursuivi par l'idée du suicide, sans sommeil, sans repos d'aucune sorte, ne pouvant s'asseoir, même pour manger et cela pendant sept mois. — Les conseils de mes amis et des bons ecclésiastiques qui me visitaient et prenaient pitié de mon sort, étaient sans résultat; l'idée du suicide m'accablait sans cesse. Les médecins n'avaient rien à faire, disaient-ils, avec un cerveau détraqué. La vie m'était à charge. J'aurais donné ma fortune, j'aurais mendié mon pain pour retrouver la santé. Mais que vos desseins sont cachés, ô mon Dieu! J'étais, bien qu'indigne, un instrument dont le souverain Maître voulait se servir, pour faire éclater la miséricorde et la puissance de notre bonne Mère.

A la sollicitation d'un pieux ecclésiastique, je fais une neuvaine à Notre-Dame de la Salette. Ma position reste stationnaire. L'idée du suicide ne me quitte pas.

J'entreprends une seconde neuvaine. Ma femme et mes enfants communient à mon intention. Moi-même, je voulais faire mes Pâques, j'étais empêché par une force invincible ; je voulais et je ne pouvais. Le lundi de Pâques, j'eus une telle crise que je crus que c'était fini de moi. Dans mon état d'exaspération, je saisis un couteau pour me l'enfoncer dans le cœur ; ma pauvre femme m'a désarmé. Cependant la crise se calme. Le lendemain je me trouve mieux, je me confesse, et j'ai le bonheur de faire mes Pâques. O jour heureux ! jamais je ne t'oublierai ! rentré chez moi, je prends l'eau merveilleuse de la Salette. Marie ! ô ma mère, je vous remercie, vous m'avez guéri. La santé me fut rendue à l'instant même. Maintenant le sommeil m'est revenu, je suis gai, je me porte mieux que jamais. J'ai encore quelques gouttes de cette eau précieuse ; je les conserverai jusqu'au tombeau. Je suis guéri depuis deux mois.

Calais, le 2 juin 1849.

DELATTAIGNANT.

M. Delattaignant, brigadier de douane à Calais, âgé de 42 ans, dépose comme il suit :

Depuis le mois de mai 1848, je me suis aperçu que le sommeil me quittait ; au mois de juin je ne dormais plus du tout : position qui a continué jusqu'au lundi de Pâques 1849. Je souffrais habituellement sans savoir expliquer la cause de mon mal. J'ai consulté des médecins qui m'ont saigné, ordonné des rafraîchissements, mais sans résultats satisfaisants. Aussitôt que j'ai été attaqué, l'idée du suicide m'a attaqué et cette idée devenait de plus en plus pressante, accablante. J'étais plus de quarante heures sans pouvoir m'asseoir ; faisant mon service à la mer, la lassitude me prenait alors, j'essayais à m'asseoir, et tous mes membres allaient et venaient sans me laisser de repos. Je n'aimais à voir personne ;

j'étais malheureux. Quand on me parlait de patience, de résignation à la volonté de Dieu, je m'exaspérais, persuadé que j'étais qu'il n'y avait pas de guérison possible pour moi; et puis j'étais dégoûté de la vie; plusieurs fois j'ai ouvert mon couteau pour me frapper, puis la pensée de ma femme, de mes enfants, m'arrêtait. Peut-être dois-je ma conservation à mes prières que je n'ai cessé de faire. Un de mes amis venant me visiter pour m'encourager à avoir confiance en Dieu: *Dieu, lui disais-je, dans mon exaspération, est-ce qu'il y a un bon Dieu? s'il existait, est-ce qu'il me ferait souffrir comme ça?...* Puis je me mettais à pleurer... J'avais perdu complétement la mémoire. Je n'étais plus en état de régler que difficilement l'ordre de mon service. Je n'écrivais plus à ma famille. Mes facultés morales m'avaient abandonné. Je n'avais même plus d'affection pour ma femme et mes enfants. On m'aurait offert une fortune considérable, une position élevée, tout cela était à mes yeux comme rien. J'étais anéanti.

Je dois dire ce que j'éprouvais physiquement. Je n'éprouvais pas de douleurs à une partie plutôt qu'à une autre, mais les fonctions du corps se faisaient difficilement. Le haut de l'estomac était fort ballonné. J'avais un appétit extraordinaire, insatiable; rien ne me faisait mal, je mangeais comme quatre. Un jour il me prit une telle crise en mangeant, que l'empreinte de mes dents est restée sur la cuillère. J'ai resté 36 heures sans manger, sans pouvoir trop en expliquer le motif, espérant ainsi me faire mourir de faim.

Enfin, le lundi de Pâques 1849, j'ai assisté à la messe assez machinalement, et ce jour-là je me suis mis dans une telle irritation que j'ai voulu me détuire. Ma femme s'est jetée à mon cou, nous avons pleuré ensemble, et depuis lors ma guérison a été complète. Je ne me rappelle plus d'avoir eu un seul moment de tristesse et d'insomnie. Je suis gai, je suis comme on ne peut pas désirer mieux. Ma mémoire, mes facultés morales, tout m'est revenu. Ma guérison a été sans transition. Je ne me rappelle pas d'avoir eu depuis ce jour, lundi de Pâques, un seul moment de tristesse. Le courage, la joie, le bonheur : voilà mon état moral; et la santé de mon corps est parfaite depuis le même jour lundi de Pâques. Je n'attribue pas ma guérison à aucun remède humain. Hormis des tisanes rafraîchissantes dont j'ai toujours fait usage, depuis plusieurs mois je n'avais plus vu de médecins.

J'ai fait deux neuvaines à Notre-Dame de la Salette ; la seconde neuvaine se terminait quand j'ai été guéri. J'en remercie Dieu et sa bonne Mère. Je certifie encore par ces présentes, que mon rapport du 2 juin 1849 est l'exacte vérité. En foi de quoi j'ai signé.

DELATTAIGNANT.

Je certifie que cette pièce est un rapport écrit sous la dictée de M. Delattaignant, brigadier de douane à Calais.

Calais, le 25 novembre 1849.

GOBERT, *vicaire de Calais.*

Nous soussignés, ayant souvent visité M. Delattaignant, brigadier des douanes, à Calais, pendant sa maladie et depuis sa guérison, certifions que son rapport du 2 juin 1849 est exactement conforme à la vérité..... Ce rapport commence par ces mots : *Je soussigné, Charles-Barthélemy Delattaignant,* et finit par ces mots : *Je les conserverai jusqu'au tombeau.*

Suivent 36 signatures, toutes légalisées par M. Mayer, maire de Calais, avec le sceau de la mairie, parmi lesquelles figurent celles de sept prêtres, du directeur des frères, etc.

II. *Guérison de Sylvie Fouble, de Saint-Omer.*

RAPPORT ADRESSÉ A M. GOBERT, VICAIRE DE CALAIS.

Monsieur l'Abbé,

Ayant appris que vous recueillez avec soin tous les faits qui se rapportent à l'apparition de la sainte Vierge à la Salette, ainsi que les guérisons obtenues par son intercession sous ce titre et par l'eau de la fontaine merveilleuse, sachant en outre que vous désiriez avoir sur ma guérison des détails écrits de ma propre main : je me rends à votre désir, et je vais avec le plus de simplicité et de vérité possibles, et pour la plus grande gloire de Marie, vous dire en peu de mots tout ce qui s'est passé à mon sujet. J'étais donc, M. l'Abbé, depuis le carême 1846, attaquée d'une fièvre lente ; vainement on essaya de me la couper, on n'y réussit jamais que pour sept ou huit jours, tout au plus. Je continuais cependant de travailler dans l'intervalle des accès ; je sortais encore. Bientôt la fièvre m'affaiblit et m'usa la poitrine ; je crachais le sang ; je souffrais beaucoup, et nul doute, d'après les douleurs que j'éprouvais, d'après le traitement et le dire des médecins qui me virent, nul doute que j'étais poitrinaire. J'avais pour médecins MM. Koser et Bachelet, et j'avais toujours, comme je vous le disais, pu sortir un peu ; c'était une grande consolation pour moi. Mais enfin, le jour de la Toussaint 1848, je vis que j'étais réduite à garder la maison ; je perdis le reste de mes forces et l'appétit. Au mois d'avril 1849, on fit une première neuvaine à Notre-Dame de la Salette ; je pouvais encore à cette époque descendre de ma chambre à l'aide de quelqu'un; la neuvaine n'apporta point de changement à ma situation; il est vrai que j'avais laissé faire les autres sans me joindre beaucoup à eux; je ne voyais pas ma position aussi grave. Cependant j'allais toujours dépérissant. Au commencement de juin, je fus réduite à garder le lit; je ne mangeais plus; quelques biscuits me suffisaient pour plusieurs semaines; je ne prenais que du liquide; je ne pouvais plus rien digérer. L'enflure avait gagné la poitrine; le docteur, M. Bertrand, qui me voyait alors, avait dit qu'il ne pouvait que prolonger mes jours. Tel était mon état quand je demandai moi-même de recommencer la neuvaine. Toutes les communautés de Saint-Omer et un grand nombre de personnes de la paroisse s'unirent à nous; la neuvaine commença le 2 juillet, jour de la Visitation de la sainte Vierge. Au commencement de la neuvaine, mon confesseur, M. Samier, dit la messe pour moi. La confiance la plus entière animait toutes les personnes qui priaient. Vous irez le dernier jour de la neuvaine à l'église, me disait un ecclésiastique de Saint-Omer. Vous serez guérie mardi, me disaient d'autres personnes. Moi-même je comptais déjà l'emploi que je ferais de ce jour que j'attendais. . . . .

Le mardi matin arriva; ce jour là, je priai avec grand désir d'obtenir ma guérison, mais aussi grand espoir d'être exaucée. M. le Curé disait la messe à mon intention. A huit heures je m'y unis pendant que ma mère y était allée; en rentrant elle me demanda si j'étais mieux; je lui répondis que non, mais que je voulais descendre. Je ne me rendais pas compte de ce que j'éprouvais. Ma mère m'observa que j'allais lui donner beaucoup d'embarras, car elle était seule. C'est égal, lui dis-je, je descends la première marche. Je la descendis assez péniblement; la seconde, mieux; puis bien et très-bien. Mais, M. l'abbé, je faisais tout comme machinalement sans songer que la veille j'étais clouée dans mon lit. Quand je fus descendue, ma mère courut chercher un fauteuil croyant que j'allais me laisser tomber, comme il arrivait quand je descendais six semaines auparavant.

Sortons maintenant, lui dis-je; elle s'y opposait, en me disant qu'elle allait chercher quelqu'un. Je persistai à sortir et je pris son bras, et elle s'étonne que je ne m'y appuie pas. Nous arrivâmes chez le voisin. La personne, en me voyant, se mit à pleurer et cria au miracle. On s'empressa de me faire asseoir, mais ce n'était plus là mon mal. Je demandai à manger; on m'apporta du lait, je le bus et je priai qu'on me donnât du pain. Personne ne l'osait, puisque je n'en mangeais plus depuis longtemps. Je pris moi-même un morceau de pain que je mangeai avec appétit. Je reviens à la maison; ma mère me dit qu'elle s'en allait immédiatement à la messe de neuf heures, pour remercier la sainte Vierge; elle me laissa seule; je me mets à genoux aussi pour la remercier; mais n'étant pas à mon aise pour prier, je regagne ma chambre; je montai l'escalier en courant et d'un seul trait; j'en fus saisie, et ce fut à ce moment que tout ce que j'avais fait depuis huit heures se retraça à mon esprit. Je m'étais levée, j'étais descendue, j'étais sortie, j'étais remontée, je ne ressentais plus la moindre douleur, j'étais guérie et je n'osais le dire; car il me semblait agir avec des forces empruntées. Après avoir prié de nouveau, je m'habillai plus promptement; je redescendis avec la même facilité et j'attendis à la porte que l'on revînt de l'église. Le bruit de cet événement se répandit promptement; je sortis sur-le-champ; je voulais me rendre à l'église; on s'y opposa et j'allai chez mon confesseur qui me permit d'y aller. J'y suis allée et je fis encore plusieurs visites dans la journée. Il n'est pas besoin de vous dire que je fis mes repas comme les autres, mieux que les autres même. Depuis lors, plus de douleurs, plus de toux, plus rien qui reste de trois années et demie de souffrances; j'ai repris mon travail; je fais trois et quatre lieues quand l'occasion se présente, sans être plus fatiguée qu'autrefois. Si je n'avais déjà été trop longue, je vous raconterais ma visite au docteur le lendemain de ma guérison, jour où il devait venir me voir, son étonnement visible, son trouble. Qu'il me suffise de vous dire que dans la première visite qu'il fit, après m'avoir vue, il ne parla que de moi, de son étonnement.... J'ai cru voir un revenant... Vraiment... on ne peut pas crier au miracle, mais.... si ça continuait, c'est extraordinaire. Un autre médecin disait à quelqu'un qui lui rapportait ce fait: nous verrons.... elle retombera; si cela continuait, ce serait surnaturel. J'aurais désiré pouvoir obtenir de sa main, une attestation; mais je n'y puis pas compter; car plusieurs personnes m'ont dit que le médecin que j'ai eu en dernier lieu s'est dédit plusieurs fois depuis et en plusieurs endroits.

Voilà, M. l'Abbé, quelques détails sur cet événement que vous qualifierez du titre que vous voudrez; pour moi, pour ma famille et pour toutes les personnes, tant ecclésiastiques qu'autres qui m'ont vue pendant ma maladie et qui ont été témoins de ma guérison, nous sommes certaines que la puissance de Marie était là. M. l'Abbé, je termine ce récit que j'ai déjà fait plus de cent fois et que je ferai toujours de la même manière, en vous assurant qu'il n'y a que la vérité, et en vous priant de demander pour moi à Marie la grâce de faire un bon usage de la santé qu'elle a bien voulu me rendre; je vous remercie beaucoup des billets que vous avez bien voulu m'envoyer.

J'ai l'honneur d'être, etc.

Sylvie FOUBLE.

Le détail ci-dessus de la maladie et de la guérison de mademoiselle Fouble, est vraiment le récit d'un événement connu aujourd'hui de toute la paroisse de Saint-Denis; et pour moi, je suis heureux d'avoir l'occasion d'en attester toutes les circonstances. Que Dieu en soit loué; que la confiance en la très-sainte Vierge en augmente dans tous les cœurs.

Saint-Omer, le 15 octobre 1849.

VILLY, cur. à *St-Denis*.

Suivent ensuite au nombre de 16, les attestations de plusieurs autres témoins oculaires et honorables de cette guérison.

Suivent encore 9 signatures légalisées par M. Alexandre Hermand, faisant fonction de maire de Saint-Omer, parmi lesquelles celles de cinq prêtres, etc.

III. Guérison d'Emilie Sgard, de Calais.

Je soussignée Emilie Sgard, âgée de 31 ans, en service chez madame Power, à Calais, certifie ce qui suit et rends cette déclaration publique comme témoignage de ma reconnaissance envers la sainte Vierge, pour ma guérison obtenue le 8 décembre 1849. . . . . (*Nous abrégeons ce récit.*)

Je commençai une autre neuvaine le vendredi 30 novembre pour la finir le 8 décembre, jour de la fête de l'Immaculée Conception de Marie. Je fis usage de l'eau de la Salette chaque jour ; mais j'étais toujours de même ; je ne prenais rien, tout me faisait mal, point de repos, point de force. Cependant la confiance m'était revenue ; j'espérais me guérir tout de même. Le lundi, les douleurs du cœur et du côté n'avaient jamais été aussi fortes. Je passai une nuit affreuse. Jamais je n'avais souffert autant. Le mardi j'étais pire encore ; je disais aux personnes qui me visitaient que j'avais des ulcères dans mon côté. Enfin voyant que mes douleurs étaient si fortes, il me vint dans l'idée de me frotter le côté avec l'eau de la Salette. La nuit fut mauvaise. Le mercredi, il me semblait n'avoir jamais été aussi malade ; j'avais une fièvre très-forte ; je voulus me lever, mais on dut me recoucher de suite. Je passai une nuit bien mauvaise ; il me semblait que l'intérieur de mon corps n'était qu'une plaie. Je restai dans cette position jusqu'au vendredi dans la journée. Le soir je me trouvai un peu mieux. Je pus manger un peu sans que cela me fit mal. Mais mon côté me faisait toujours beaucoup souffrir ; je le frottai encore avec l'eau de la Salette, comme je le faisais chaque jour depuis le mardi. Alors est venue cette nuit, nuit de miséricorde, nuit de grâce, nuit de guérison. C'était la nuit du dernier jour de ma neuvaine. La sainte Vierge a fait taire mes douleurs. Elle a mis ses doigts sur mes yeux, j'ai pu dormir et à mon réveil j'étais guérie !!

Mon confesseur vint m'apporter la sainte communion ce jour-là. J'ai pu me lever, me mettre à genoux pour recevoir mon Créateur. O jour de la Conception de Marie, jamais tu ne seras effacé de mon souvenir !

Fait à Calais, le 21 janvier 1850.

L'original porte 44 signatures légalisées à la mairie de Calais. (L. S.)

IV. *Guérison à l'hospice d'Hesdin de Chemery, jeune soldat de 20 ans.*

Forcé d'abréger, nous nous contentons de dire que cette guérison est attestée par madame Adam, supérieure, et par vingt-huit autres personnes, prêtres, religieuses de l'hospice, etc.

VIII. Diocèse d'Amiens. *Guérison d'Adélina Devert, de Rosières, chef-lieu de canton.*

Cette guérison a eu un grand éclat ; on assure qu'elle sera l'objet d'une enquête épiscopale.

Obligé de nous restreindre, nous nous contentons de dire que cette guérison est attestée par 80 témoins, et qu'elle est certifiée par le docteur Morlet, dont voici le rapport :

Les faits que l'esprit humain ne peut comprendre sont, comme les grandes découvertes, souvent contestés et même niés. La longue maladie d'Adélina Devert, et surtout sa guérison extraordinaire, ont donné lieu à un grand nombre de commentaires erronés. Nous avons cru qu'il était de notre devoir de les rectifier en livrant à la publicité cette curieuse observation.

Adélina Devert, âgée de 24 ans, d'une constitution robuste, d'un tempérament nerveux et sanguin, avait joui jusqu'en décembre 1847 de tous les attributs d'une excellente santé. A cette époque, une vive frayeur engendra une série d'accidents nerveux qui ne cessèrent complétement que le 8 décembre dernier.

Les premiers phénomènes morbides, qui tourmentèrent la malade, furent des douleurs aigües à caractère névralgique dans la tempe gauche; le sommeil fut perdu. Le cœur était agité par de fréquentes palpitations. La malade éprouvait continuellement de la difficulté à respirer, et parfois de violentes suffocations. L'appétit devint presque nul et les digestions très-pénibles. La menstruation, bien que diminuée, resta régulière. La fièvre qui accompagnait cet ensemble de souffrances, revenait avec un type quotidien ou tierce.

Cet état persista sans modifications notables, du 25 décembre 1847 au mois de mai suivant, où se produisit une amélioration telle que nous conçûmes l'espoir d'une guérison prochaine. Notre joie fut de courte durée. Au bout de six semaines, ce mieux cessa, les accidents redoublèrent. La malade qui jusque-là n'avait gardé le lit que momentanément, s'alita tout à fait le 2 août 1848. L'appétit disparut, les boissons n'étaient supportées qu'avec peine et en très-petite quantité. La palpitation et les étouffements augmentèrent, la voix s'éteignit; il fallait être très-près du lit pour saisir l'articulation des mots. L'aménorrhée lui survint, les mouvements fébriles s'accrurent, l'amaigrissement fit des progrès considérables. La faiblesse était devenue telle que le changement d'un lit dans un autre était très-pénible.

Malgré la diversité des moyens employés, cette triste position ne se modifia point d'une manière appréciable jusqu'au 8 décembre 1849. Depuis plus de trois semaines, la malade n'était soumise à aucune médication, quand tout à coup après une crise violente, elle s'écrie d'une voix assez forte: Je suis guérie!

Trois heures après ce changement instantané, je la vis; elle était assise sur une chaise entourée d'une foule de visiteurs accourus au bruit de sa guérison extraordinaire. Elle parlait d'une voix claire et sonore, sa marche était assurée. Je n'éprouve plus, me dit-elle, aucune souffrance. En effet, le pouls est calme, la respiration facile. Elle avait déjà pris avec goût et bien digéré des aliments solides. Cette guérison, aussi radicale que subite, n'a été, depuis quatre mois, troublée par le moindre phénomène morbide. L'harmonie de toutes les fonctions a été complète.

En esquissant l'histoire de cette longue maladie, nous avons rempli une tâche facile; mais le but que nous nous sommes proposé ne serait point atteint, si nous ne cherchions l'explication de ce soudain retour à la santé. Cet heureux résultat est-il dû à une crise naturelle et spontanée, ou aux propriétés médicinales de l'eau de la Salette dont la malade a pris quelques cueillerées dans l'espace de neuf jours? L'instantanéité de la guérison, le recouvrement subit des forces, le jeu immédiat et normal de tous les organes, la brusque disparition de toutes les souffrances, ne peuvent, à mon avis, s'expliquer par l'une ou l'autre de ces deux versions.

Rosières, le 14 avril 1850.

MORLET, *d. m.*

IX. DIOCÈSE DE SOISSONS. *Guérison de sœur Victoire, religieuse Célestine de Chesneau, près Château-Thierry (Aisne).*

RELATION DE CETTE GUÉRISON FAITE PAR LA MALADE, A SA SUPÉRIEURE GÉNÉRALE.

Ma révérende Mère,

. . . .

Vous savez que j'avais depuis cinq ans à peu près, une maladie de cœur dont je souffrais beaucoup ; vous en avez été témoin pendant longtemps. Depuis que je suis aux Chesneaux, elle n'avait fait qu'augmenter.

Il y a deux ans, j'avais obtenu par l'entremise de *sainte Fulgence* un peu de soulagement ; mais cette année, la maladie avait repris son cours avec force ; je souffrais beaucoup nuit et jour, et tous les secours de la médecine ne pouvaient me donner que de faibles soulagements ; enfin, il y a un mois, les souffrances étaient devenues telles que je ne pouvais plus y tenir ; le dos, la poitrine, une douleur au côté, tout était entrepris ; j'avais un dégoût absolu pour toute espèce de nourriture ; je ne prenais qu'un peu de potage au lait et encore était-ce de nouvelles souffrances chaque fois ; puis un refroidissement dans les membres, depuis les extrémités des pieds jusqu'aux genoux, et des mains jusqu'aux coudes, si bien que je pouvais me pincer sans en sentir aucune douleur ; ils étaient comme morts. Il y a huit jours, notre père fondateur me voyant si souffrante, me donna de l'eau de la Salette et me dit de faire une neuvaine à la sainte Vierge. Je l'ai commencée le mardi 20 février avec plusieurs de nos sœurs ; plus elle s'avançait, plus les douleurs devenaient violentes ; enfin, dimanche 25 du courant, je me mis au lit et là je souffrais de plus en plus. Le soir, notre bonne sœur Augustin demanda à passer la nuit près de moi ; elle me fit prendre un bain de pieds qui me fit perdre connaissance ; puis de l'eau de la Salette. Je revins à moi, mais pour sentir davantage mes souffrances, sans pourtant avoir perdu l'espérance que ma Mère du ciel me guérirait ; car plus je souffrais, plus ma confiance était grande.

Enfin, sur le minuit, j'eus une crise tellement forte que non-seulement je perdis connaissance, mais j'entrai dans une sorte d'agonie ; là les souffrances physiques disparurent, elles firent place à celles de l'esprit ; j'eus un combat terrible avec notre ennemi commun qui s'efforçait de me jeter dans le désespoir par ses mille suggestions ; mais je répondais à toutes ses ruses par les noms de Jésus, Marie, Joseph, que je prononçais de cœur ; enfin, il finit par me laisser et s'enfuit avec rage ; ce qui m'étonna beaucoup intérieurement ; mais je n'eus pas plutôt ouvert les yeux que mon étonnement cessa ; car je vis à genoux, près de notre lit, notre père tenant sur moi les reliques de *sainte Fulgence*, notre bonne mère Sainte-Anne et ma sœur Augustin en prières. Je me suis expliqué alors la fuite précipitée de Satan. O ma Mère! quelle ne fut pas ma confiance? j'espérais de plus en plus; car je sentais que Marie veillait sur moi et qu'elle se servait de notre bonne petite patronne pour me donner la certitude de ma guérison. Enfin, la journée du lundi se passa sans de nouvelles crises; mais j'étais toujours très-souffrante; j'avais de plus une forte fièvre. La nuit se passa bien, je dormis : mais le matin du 27, la fièvre reparut avec les douleurs de cœur et l'oppression. Je n'en dis presque rien à nos sœurs; je désirais qu'elles assistassent à la sainte messe; pendant ce temps, je pris nos médailles que j'appliquai sur le cœur; puis je bus quelques gouttes d'eau de la Salette, en disant tout tranquillement : *va, bats tant que tu voudras, tu ne battras plus ce soir.* Puis je m'endormis une demi-heure après. Je me suis éveillée et tout avait disparu : plus de raideurs dans les membres, plus d'oppression ni de battements de cœur; la poitrine entièrement dégagée, plus rien enfin; pleine de force, de santé et un grand appétit; j'attendais avec impatience que nos sœurs montassent près de moi pour leur annoncer le nouveau bienfait de notre bonne Mère et les prier de m'aider à l'en remercier; car pour moi, mon cœur était si plein de reconnaissance et d'amour qu'il ne pouvait se dilater sans leur secours. Je me suis habillée à la hâte et je suis descendue près de notre père supérieur; puis à la chapelle où je suis restée trois quarts d'heure à genoux, sans en être incommodée; puis je me suis de suite livrée à mes occupations ordinaires, et vous savez qu'elles sont très-nombreuses et fatigantes, puisqu'il faut sans cesse monter et descendre. Je n'ai plus rien éprouvé ; j'ai dîné de très-bon appétit.

Voilà, ma mère, ce que j'étais impatiente de vous apprendre.

Veuillez rendre gloire à Dieu pour votre fille, et recevoir l'impression de mes sentiments de respect et d'affection.

Sœur Victoire.

Nous soussignés, attestons que la relation de la guérison de sœur Victoire Célestine, et faite par elle-même, est parfaitement conforme à la vérité, et que depuis, jusqu'à ce moment, elle ne s'est pas sentie le moins du monde de l'indisposition ou plutôt de la maladie regardée par la médecine comme incurable, dont elle était travaillée depuis plusieurs années.

Fait à Notre-Dame-des-Chesnaux-lès-Château-Thierry, ce 26 octobre 1849.

M. L. E. Morey,

chanoine, fondateur-supérieur des Célestines.

Sœur Augustine et sept autres religieuses.

Pour légalisation des signatures de M. Morey, fondateur des Célestines, de madame Sainte-Anne, supérieure, et des autres signataires.

Château-Thierry, 3 novembre 1849.

Cuby, *curé-archid. de Château-Thierry.*

Enfin, M. le chanoine Morey, nous écrit le 3 novembre 1849.

« La veille du jour de la guérison, on était allé
» chercher chez M. l'archidiacre curé de Château-

» Thierry, les saintes huiles pour administrer la
» miraculée.... C'est moi-même qui ai pris la pré-
» caution susdite et ai fait faire la démarche. Je le
» certifie devant Dieu. »

X. DIOCÈSE DE CAMBRAI. Deux guérisons : celle de Marie Happe, et celle de Marie Duchateau, toutes deux pensionnaires de la Fondation Vander-Burch (1).

Ces deux guérisons extraordinaires sont racon-

(1) Nom d'un vénérable Archevêque de Cambrai, qui, suivant un chronostiche, occupa ce siége de 1610 à 1644. Il consacra sa vie entière au soulagement de toutes les misères. En 1626, il fonda l'*Ecole dominicale*, où de jeunes garçons de la classe pauvre reçoivent une éducation chrétienne, apprennent des métiers et sont encouragés au travail par des secours en argent et en pain. Quelques années après, il fonda et dota la vaste maison qui porte son nom et perpétue sa mémoire, en faveur de cent jeunes filles pauvres, à chacune desquelles il assura une dot de 150 florins lorsque, leur éducation finie, elles entreraient dans un monastère ou s'établiraient dans le monde, et à celles-ci, une petite pension annuelle, si, leur conduite ayant toujours été bonne, elles devenaient veuves et restaient chargées d'une jeune famille.

En 1845, cette magnifique fondation ayant été restaurée, fut confiée à la direction des admirables sœurs de Saint-Vincent-de-Paul. Elle comprend aujourd'hui un pensionnat de cent boursières, un externat de 600 jeunes filles pauvres réparties en huit classes, une salle d'asile pour 200 enfants, de vastes ouvroirs pour les divers travaux d'aiguille ; enfin, une crèche. Etablissement peut-être le plus admirable de France par la réunion et l'ensemble des ressources que la sagesse et la libéralité du fondateur y a ménagées pour guérir les souffrances du corps et préserver l'âme de l'ignorance et du vice. Voilà ce qu'a fait de grand et de durable, il y a deux siècles, la charité d'un vénérable Pontife ; voilà ce qu'envieraient à Cambrai les villes les plus riches en institutions charitables (*Note de l'auteur*).

tées par les deux jeunes personnes elles-mêmes dans une lettre commune à M. l'abbé Carbon, aumônier de l'établissement, et ensuite par madame la Supérieure dans la lettre suivante au même :

Monsieur l'aumônier,

Je vous envoie bien volontiers, selon votre désir, la relation de la guérison d'une de nos jeunes filles écrite par elle-même. J'y ajouterai celle d'un autre fait non moins remarquable et consolant. Puisse ce récit vous intéresser et procurer la gloire de notre Mère, à qui nous devons tant de reconnaissance.

Une année entière s'était écoulée depuis la guérison instantanée de notre jeune pensionnaire, et nous voulions en fêter l'anniversaire par une neuvaine d'actions de grâces, lorsqu'il nous vint en pensée de demander en même temps à cette tendre Mère de vouloir bien renouveler le prodige.

Une autre de nos jeunes filles, âgée de 15 ans, était atteinte depuis environ six mois de la même maladie : coxalgie, affection de l'articulation coxofémorale qui, produisant d'abord un allongement, devait amener ensuite un raccourcissement dont il serait résulté inévitablement et sans aucun espoir de guérison, une claudication assez grave.

Cette jeune fille qui, jusque-là, n'avait montré aucune piété et semblait, au contraire, par son caractère indifférent et son tempérament lymphatique, n'offrir guère de ressource pour l'avenir, se trouva, aussitôt la neuvaine commencée, animée d'une foi si vive, d'une résolution de s'adonner à la vertu si généreuse, qu'elle n'était plus à reconnaître.

Cet heureux changement nous donna la plus vive confiance, et l'on attendit avec impatience le jour anniversaire de la guérison qui se trouvait le septième de la neuvaine, pensant que ce jour-là se réaliserait le prodige opéré. La très-sainte Vierge, dans sa bonté infinie, ne voulut pas tromper notre attente.

Le même jour, 10 février, à la même heure, de la même manière, en recevant la sainte communion et en prenant de l'eau de la Salette, notre jeune fille qui, depuis le commencement de la neuvaine, n'avait pas quitté le reliquaire contenant la pierre précieuse touchée par Marie, se trouva instantanément et complétement guérie. Un énorme vésicatoire, appliqué tout récemment sur le côté malade, sécha aussitôt, et l'heureuse enfant, privilégiée de Marie, quitta en sautant, son lit de douleur, pour aller à l'autel de cette tendre Mère lui témoigner toute sa reconnaissance et lui promettre de l'aimer toujours.

Une partie de ses compagnes, au cri de cette nouvelle, l'y suivirent bientôt. C'étaient des transports de joie, des chants de reconnaissance et d'amour qui ne tarissaient pas. Toutes les externes arrivèrent et ne firent qu'augmenter l'enthousiasme. Un jour de congé en faveur de l'heureux événement, procura l'occasion de jouer, de courir, de faire des rondes. Notre enfant guérie y prit sa bonne part, preuve de son entière guérison. L'après-midi, nous eûmes le bonheur de la conduire au médecin qui, la veille, l'avait vue si souffrante, et à quelques personnes qui avaient bien voulu nous donner le concours de leurs prières.

Depuis lors, pas le moindre retour du mal ne s'est manifesté, et les bonnes dispositions de notre jeune fille n'ont pas varié. Nous espérons que sous la protection de Marie, elle restera un sujet d'édification pour ses compagnes et d'éternelle reconnaissance envers notre Mère bien-aimée.

Veuillez, Monsieur, aider notre impuissance à l'en remercier, et daignez agréer l'expression de toute notre gratitude pour tout ce que vous avez bien voulu faire dans cette circonstance si précieuse.

J'ai l'honneur d'être, etc.

Sœur PATENOLLY, sup^e.

Nous soussignés déclarons avoir été témoins des deux guérisons ci-dessus rapportées : la première ayant eu lieu le 10 février 1848; la seconde, le 10 février 1849.

C. HALLEZ, *mis. apost.*
B. BONCE, *vic. gén.*

Et les signatures de 20 religieuses.

Nous tenons de source certaine que les deux relations avaient été envoyées de Cambrai à son Eminence le cardinal Giraud, archevêque de cette ville, se trouvant à Gaëte dans le courant de février ; qu'elles ont été présentées au souverain Pontife ; que Sa Sainteté les a lues avec une agréable émotion; qu'Elle a témoigné une grande joie, en apprenant les nouveaux prodiges opérés par l'invocation de Notre-Dame de la Salette, jointe à l'usage de l'eau de la fontaine merveilleuse; qu'Elle a permis de parler de ces guérisons surnaturelles, dans les limites toutefois d'une prudente réserve.

Certificat de M. le docteur Cambray, pendant la maladie de Marie Duchateau.

La jeune Duchateau, élève de la maison de Vander-Burch, est atteinte d'une coxalgie, affection coxo-fémorale. Il y a pour l'instant allongement ; mais si l'inflammation continue, cet allongement se convertira en raccourcissement, parce que la tête du fémur, une fois sortie de sa cavité articulaire, se portera, par la contraction des muscles, sur la fosse iliaque externe. Cette affection est due au tempérament, à la constitution éminemment lymphatique du sujet. Elle tient cet état de naissance. Ce n'est que par les soins dont elle est entourée, et par un traitement *ad hoc* que l'on pourra parvenir, et peut-être imparfaitement, à éviter une claudication assez grave, à laquelle son état la prédispose.

Le 9 février 1849.   D. Cambray.

Autre certificat du même docteur.

Je soussigné docteur-médecin P., médecin titulaire de l'hôpital civil de Cambrai (Nord), et chirurgien de la fondation Vander-Burch, déclare avoir été appelé, il y a quelques jours, à ladite maison, et les dames directrices me montraient une jeune boursière nommée Duchateau, âgée de 15 ans, non nubile, assez forte, mais d'un tempérament éminemment lymphatique. Je l'ai trouvée couchée, n'ayant pas quitté le lit depuis plusieurs mois. Elle était atteinte d'une coxalgie, inflammation latérale, douloureuse de l'articulation coxo-fémorale gauche, avec élongation d'un pouce au moins du membre. Le déplacement était en bas et en avant.

Déjà notre honoré confrère, le médecin ordinaire de la maison, avait employé tous les moyens en usage en telle occurrence, sans obtenir d'amendement marqué. Je me proposais d'en conseiller de plus énergiques, quand tout à coup le lendemain de ma visite, à sept heures, me dit-on, du matin, la jeune malade éprouva une légère sensation dans cette articulation. Le membre reprit à l'instant sa forme et sa position normale. Elle put, dans ce moment, se lever, et sans gêne ni douleurs, elle s'est mise à marcher comme avant son accident. Depuis ce jour, elle se livre à toutes sortes d'exercices et il ne lui reste plus que le souvenir des maux qu'elle a éprouvés.

Il y a une année révolue qu'à pareille époque une autre boursière, Mlle Happe, âgée alors de 17 à 18 ans, du même tempérament que celle-ci, fut aussi atteinte de la même maladie et des mêmes accidents, c'est-à-dire, inflammation douloureuse et élongation d'un pouce du membre du même côté; elle fut aussi guérie spontanément sans aucune recrudescence de son accident.

C'est après avoir observé ces deux jeunes sujets, que j'ai cru devoir signaler ces deux faits si complétement identiques sous tous les rapports. Ce n'est pas qu'il soit sans exemple que de telles affections se soient guéries inopinément; la coxalgie n'est souvent qu'un rhumatisme local; l'inflammation, une fois dissipée, l'articulation coxo-fémorale reprend son intégrité, et tous les symptômes alarmants disparaissent sans laisser de reliquats à leur suite. Mais ce qu'il y a de remarquable dans ces deux guérisons, c'est la similitude de la terminaison des deux maladies, et la coïncidence des jours et heures où elles se sont opérées à une année de distance l'une de l'autre.

Cambrai, le 13 février 1849.

D. Cambray.

XI. Diocèse d'Orléans. *Guérison de mademoiselle Célestine Portheault.*

Cette guérison est constatée par les pièces suivantes :

Je soussigné chanoine honoraire, vicaire de la cathédrale de Sainte-Croix, d'Orléans, certifie que mademoiselle Célestine Portheault, atteinte depuis plusieurs années d'une affection de poitrine qui lui ôtait, depuis longtemps l'usage de la parole, l'a tout à coup recouvrée, et s'est trouvée parfaitement guérie, le neuvième jour d'une neuvaine, faite en l'honneur de Notre-Dame de la Salette.

En foi de quoi, j'ai signé le présent certificat, ainsi que la personne guérie et plusieurs autres, témoins comme moi de cette guérison miraculeuse.

Orléans, 25 juin 1849.

Bourgon,
Chan. hon. vic. de Sainte-Croix d'Orléans.

Vu pour légalisation de la signature de M. Bourgon, chanoine honoraire et vicaire de la cathédrale à laquelle foi est due.

Orléans, le 27 juin 1849.

(L. S.) Rabatin,
Chan. hon., secrétaire.

2° Nous soussigné docteur en médecine à Orléans, certifions qu'en juin 1847, nous avons été appelé par mademoiselle Célestine Portheault, alors âgée de 26 ans, pour une affection de poitrine que nous regardâmes alors comme une bronchite chronique avec tendance à devenir tuberculeuse.

Cette demoiselle, soignée alors par un autre médecin, ne réclama plus mes soins qu'en juin 1848, et depuis cette époque, nous les lui avons continués d'une manière régulière.

L'affection de poitrine s'était dès lors concentrée plus particulièrement dans le larynx. L'aphonie devint de plus en plus complète. Une douleur cuisante et brûlante existait constamment dans toute la gorge et dans la poitrine. La toux n'était fréquente que quand quelque fatigue avait surexcité les parties malades. Les poumons, du reste, restèrent sains de tubercules. La fièvre, sans être continuelle, se montrait plusieurs fois dans la journée. Les fonctions digestives ralenties, du dégoût pour les aliments, de la gêne pendant la digestion, de la constipation, la langue toujours sèche, blanche, gonflée et parsemée sur ses côtés de boutons rouges et livides.

Au mois d'octobre 1848, la malade se transporta à Paris pour consulter le professeur Fouquier.

Le traitement de ce médecin, comme tous ceux qui furent tentés, ne purent procurer une guérison, et depuis avril 1849, la malade, gardant la chambre, resta sans faire de traitement médical.

Le 2 juin dernier, mademoiselle Portheault vint nous voir et nous l'entendîmes parler aussi clairement qu'en santé. Nous ne lui trouvâmes plus de rougeur ni de boutons, ni de gonflement à l'arrière-bouche et à la base de la langue; en un mot elle nous parut guérie d'une maladie qui avait résisté à des médications bien diverses et dont le caractère nous avait semblé très-grave.

En foi de quoi, nous avons délivré le présent certificat, le 13 juin 1849.

CHARPIGNON, *d. m.*

XII. DIOCÈSE DE LANGRES. Dans notre *Rapport*, p. 184-188, nous avons déjà raconté deux guérisons arrivées à Saint-Dizier : celle d'*Eugénie Viciot*, et celle d'*Eugénie Navet*.

Deux autres guérisons ont eu lieu depuis dans la même ville : celle d'*Eugénie Bunklaire*, et celle de *Marie-Hortense Jeanson*, l'une et l'autre attestées par M. *Marche*, curé de la paroisse, et par plus de 50 témoins. (*Nous regrettons de ne pouvoir donner les détails.*)

XIII. DIOCÈSE DE TROYES. Outre la guérison de *Constance Bouquet*, racontée dans notre *Rapport*, p. 181-183, nous en indiquons ici une autre, celle de *Clotilde Perse*, parfaitement attestée par le curé, deux autres prêtres, trois médecins et seize témoins. (*Même regret.*)

XIV. DIOCÈSE DE BOURGES. *Guérison d'une religieuse Ursuline.*

Nous recevons à l'instant la lettre suivante :

Bourges, 1er mai 1850.

Monsieur l'Abbé,

Je suis heureux de pouvoir vous transmettre immédiatement les détails de la guérison miraculeuse qui s'est opérée à Bourges et dont j'ai déjà eu l'honneur de vous entretenir ; voici le fait :

Une religieuse Ursuline appartenant à une famille honorable et bien connue de notre ville, Augustine Hugault, en religion sœur Marie de la Conception, était percluse des deux jambes depuis les premiers jours d'octobre 1846.

Au printemps 1847, me trouvant un jour chez les dames Ursulines, dont je suis le supérieur, je vis les infirmières promenant cette bonne religieuse sur une petite voiture pour lui faire prendre l'air. Affligé de voir une religieuse de vingt-huit ans dans un état si déplorable, je proposai à madame la Supérieure de l'envoyer aux eaux; le médecin fut consulté, la permission de son Eminence obtenue, et le 21 juin la bonne sœur partait pour les eaux de Néris (Allier). Elle y retourna au mois d'août prendre une seconde saison, et toute l'amélioration qu'elle en éprouva fut de pouvoir marcher péniblement avec deux béquilles. Cette légère amélioration ne fut pas même de longue durée; car dès les premiers jours de novembre, elle était retombée dans le même état. Pendant l'été 1848, elle éprouva un mieux peu sensible, qui fut bientôt suivi d'une rechute complète. Cinq ou six jours avant sa guérison, les douleurs vinrent en outre se fixer sur le bras droit qui était considérablement gonflé. Elle ne pouvait en faire usage. La veille de sa guérison, on avait été obligé de la faire manger comme un enfant, et le matin du jour de l'an, lorsque l'aumônier lui apporta la sainte communion, elle ne put se lever seule sur son séant, Dieu permettant sans doute cette complication d'infirmités pour mieux faire ressortir l'intervention d'une cause surnaturelle.

Vers la fin de décembre 1848, Mme la Supérieure me raconta qu'elle avait eu l'idée de faire une neuvaine à Notre-Dame de la Salette pour demander la cessation des blasphèmes et la sanctification du dimanche, et aussi pour obtenir la guérison de sœur Marie de la Conception; elle me dit qu'elle buvait tous les jours de l'eau de la fontaine miraculeuse, et que tous les jours on faisait dans la communauté des communions et des jeûnes à cette intention. Le 31 décembre au soir, au moment où la neuvaine se terminait, l'infirmière essaya, mais en vain, de soulever la malade; il lui fut impossible de la remuer. La malade en éprouva une peine sensible, car elle était persuadée que c'était à ce moment-là que la guérison devait avoir lieu.

Le 1er janvier 1849, on vint m'avertir que la sœur était guérie; je m'empressai de me rendre chez les Ursulines; la bonne sœur était au parloir avec toute sa famille; je la vis descendre l'escalier seule avec beaucoup d'aisance et de liberté; elle était au comble de la joie; elle me raconta comment elle avait été guérie instantanément vers les sept heures et demie du matin après avoir reçu la sainte communion et pendant la messe de communauté; le bras avait été guéri comme les jambes; il lui restait seulement un léger engourdissement dans la hanche droite et dans le bras droit, mais elle ne boitait pas, et cet engourdissement disparut complètement dès le lendemain. Je priai madame la Supérieure de faire réunir toute la communauté dans la salle d'exercice, et en traversant la cour pour m'y rendre, la religieuse miraculeusement guérie marchait à côté de moi. J'avais peine à en croire mes yeux; je ne pouvais la regarder marcher si librement sans en ressentir une certaine émotion : moi qui, supérieur de cette maison depuis plus de deux ans, ne l'avais jamais vue marcher qu'avec des béquilles, et encore très-rarement. J'adressai quelques paroles aux religieuses assemblées, les engageant à remercier la sainte Vierge de la faveur signalée qu'elle venait de leur accorder et leur faisant remarquer que cette protection visible de Marie était pour elle un nouveau motif de redoubler de zèle et de ferveur. Je parlai pendant plus d'une demi-heure sans songer à faire asseoir les religieuses. La sœur qui venait d'être guérie resta debout comme les autres; c'était un oubli de ma part; puis je la questionnai en présence de toutes les religieuses; je lui demandai si elle avait éprouvé un frémissement, une crise quelconque qui lui eût annoncé sa guérison; elle me dit qu'elle n'avait rien éprouvé de semblable; qu'elle priait après la sainte communion, demandant pardon à Dieu et pensant que c'étaient sans doute ses fautes et ses imperfections qui mettaient obstacle à l'opération de la grâce, qui paralysaient l'effet des prières faites à son intention, lorsque tout à coup, il lui sembla qu'elle était guérie; elle remua les jambes qui n'étaient plus lourdes comme auparavant; elle descendit de son lit et y remonta seule, mais elle n'osa traverser l'appartement. Après la messe, lorsque l'infirmière vint la voir, elle lui dit : Ma mère, je suis guérie ! — Vous êtes guérie? — Oui, ma mère, si vous voulez me donner mes vêtements, je me lèverai. Elle les lui donna en disant : Je vais aller chercher vos béquilles. — C'est inutile, ma mère, je marcherai bien sans cela. Elle se leva, en effet, descendit seule l'escalier et se rendit à la chapelle pour remercier Dieu; pendant la journée, elle monta plus de vingt fois les divers escaliers de la maison. Le soir cependant, les jambes étaient un peu enflées, et cette enflure continuant le lendemain, elle les frotta avec de l'eau de la fontaine de Notre-Dame de la Salette, et le gonflement se dissipa instantanément, à tel point qu'elle m'a assuré que le gonflement de la première jambe avait complètement disparu avant qu'elle frottât la seconde, ce qui l'a singulièrement frappée.

Je ne prétends pas que ce soit là un de ces miracles de premier ordre qui ne laissent aucun subterfuge à l'incrédule; la religion est appuyée sur des miracles d'un ordre supérieur à celui-ci : tels que la résurrection de Lazare, quatre jours après sa mort; la résurrection de Notre-Seigneur Jésus-Christ, dont l'évangile rapporte dix apparitions, une entre autres à plus de cinq cents personnes. Mais le fait que je rapporte est constant; toutes les religieuses de la maison, plus de cent jeunes personnes qui y sont élevées, l'aumônier, le médecin et la famille de sœur Marie de la Conception savaient que depuis vingt-sept mois, elle était percluse des deux jambes; ils peuvent attester aujourd'hui que depuis seize mois, elle est parfaitement guérie, et tout indique qu'elle ne l'a pas été par une cause naturelle, mais par l'intervention de la sainte Vierge, et que cette guérison doit être regardée comme miraculeuse :

1° Parce qu'elle a eu lieu instantanément et sans aucun remède dans le moment où le mal était à son paroxisme. La malade n'a pas eu un mieux successif, comme il arrive dans les guérisons ordinaires, mais elle est passée de l'état le plus fâcheux de la maladie à une guérison complète;

2° Parce qu'elle a eu lieu à point nommé, non pas le 31 décembre au soir, comme l'espérait la malade, mais le 1er janvier, comme Mme la Supérieure l'avait désiré et demandé à Dieu;

3° Parce qu'elle a eu lieu en hiver, saison qui, de l'avis de tout le monde, est la plus défavorable pour ces sortes de maladies, celle qui de fait était la plus contraire à la malade en particulier, puisque c'était à l'entrée de l'hiver qu'elle avait ressenti les premières atteintes de son infirmité, et que pendant deux années successives, après une légère amélioration pendant l'été, elle était retombée dans un état plus fâcheux aux approches de l'hiver;

4° Enfin, parce que la guérison s'est soutenue pendant l'hiver qui vient de s'écouler sans que la bonne sœur ait ressenti aucune douleur.

Tel est, M. l'Abbé, l'exposé fidèle de tous les détails que j'ai pu recueillir et dont je suis témoin pour la plupart. Vous pouvez, si vous le jugez convenable, publier ma lettre que j'ai fait signer par l'aumônier, les religieuses et plusieurs personnes de la famille de la sœur miraculeusement guérie. Heureux si ce récit peut tourner à la gloire de Dieu et concourir à propager et à étendre le culte de Marie!

Agréez les sentiments du profond respect avec lesquels j'ai l'honneur d'être, M. l'Abbé, votre très-humble serviteur,

CAILLAUD, *vic. gén.*
OLLAR, *aumônier.*

Suivent les signatures de 8 religieuses, du père et de la mère, et de 7 parents de la malade.

RETENTISSEMENT DU FAIT EN ALLEMAGNE.

Nous pourrions allonger cette longue et intéressante série de faits miraculeux opérés par l'invocation de Notre-Dame de la Salette; nous pourrions même la doubler si nous avions voulu accueillir de confiance toutes les relations qui nous sont parvenues. Quel que soit notre respect pour les personnes qui nous les certifient véritables, la prudence nous fait cependant une loi d'attendre pour en parler, qu'elles soient plus parfaitement constatées, et surtout que l'autorité épiscopale intervienne dans leur constatation. Cette intervention demande nécessairement du temps, et, pour plusieurs faits, on nous annonce qu'elle aura lieu. Nous renvoyons à une troisième publication la relation des faits nouveaux, si les amis de Notre-Dame de la Salette nous engagent à la faire.

Mais avant de finir, disons que le Fait de la Salette a eu dans l'Allemagne catholique un retentissement aussi extraordinaire, aussi prompt qu'en France. Qu'on en juge par les milliers de lettres venues de ce pays-là, et dont la plupart attestent que la confiance à la sainte Vierge n'y est pas moins vive que dans les autres parties du monde chrétien. Nous avons rendu compte, page 105, de l'ouvrage sur l'apparition de la Salette, publié par le P. *Laurent Hecht*, et dont le succès a été prodigieux, ainsi qu'il nous l'apprend lui-même dans une lettre à M. *Mélin*, du 7 janvier de cette année. Voici un fragment de cette lettre du pieux et savant Bénédictin :

« Monsieur l'Archiprêtre,

» ......Vous savez que j'ai été dans la main du
» Seigneur un faible instrument pour faire connaître

» à l'Allemagne tout entière le Fait de l'apparition de
» la S¹ᵉ Vierge de la Salette, et j'ai ce plaisir de vous
» dire que la librairie d'ici a répandu à peu près 120
» mille exemplaires de ma petite brochure, insultée et
» louée, attaquée et noblement défendue.

» Depuis quelque temps, l'Allemagne se plaît à se
» souvenir de cette sainte apparition ; et en peu de
» temps, les deux brochures de M. l'abbé Rousselot,
» vicaire gén. honʳᵉ, ont été traduites en allemand.
» La première édition a paru à Munich, ville princi-
» pale de Bavière, et la seconde édition de M. Rousse-
» lot vient d'être publiée à Coblentz, ville des Etats
» prussiens. J'espère que ces brochures, composées
» avec une si grande érudition, confondront les enne-
» mis de la sainte Vierge, les incrédules, et qu'elles
» convertiront et affermiront plusieurs autres.

» Si plus tard vous pouvez m'envoyer l'histoire un
» peu détaillée du pèlerinage à la Salette, depuis ces
» trois ans, une belle et fidèle représentation du saint
» lieu avec ses environs, et le plan de la chapelle,
» vous me feriez le plus grand plaisir.

» En vous priant de me bien recommander, moi,
» ma chère abbaye, et toute la Suisse, à Notre-Dame
» de la Salette, à vos amis, aux neuvaines qui se font
» toujours, à vos saintes prières, et au pieux souve-
» nir de M. l'abbé Rousselot, dans les travaux duquel
» je loue le Seigneur, je vous salue dans les plus aima-
» bles Cœurs de Jésus et de Marie.

» Monsieur l'archiprêtre,

» Votre serviteur très-humble,

» P. Laurent Hecht.

» Notre-Dame-des-Ermites, 7 janvier 1850. »

CONCLUSION.

Après plus de trois ans et demi d'examen, de recherches et d'enquêtes sur le Fait de la Salette ;

Après des milliers d'interrogatoires subis par les deux bergers et habilement dirigés par des milliers de personnes graves, instruites et sagement défiantes;

Après les réponses toujours claires, précises et péremptoires données par les deux petits bergers et sur le Fait lui-même et sur le secret qui leur est confié;

Après des milliers de conversions et de grâces obtenues par l'invocation de Notre-Dame de la Salette et par l'usage de l'eau puisée sur la célèbre montagne;

Après la constatation de plus de quarante faits miraculeux, arrivés dans plus de vingt diocèses de France, et attestés par de nombreux témoins, par des médecins habiles et consciencieux, par des communautés entières, par des prêtres de tous les rangs de la hiérarchie ecclésiastique, et plusieurs même par NN. SS. les Evêques;

En un mot, APRÈS tout ce qui a été dit, fait et écrit, tant sur les lieux qu'au dehors, tant en France que dans l'étranger :

N'EST-ON PAS FONDÉ à proclamer enfin que le Fait de la Salette est une VÉRITÉ, ou une véritable apparition de la sainte Vierge ? N'est-il pas permis ou n'est-il pas encore temps de s'écrier avec le Roi-prophète :

A DOMINO FACTUM EST ISTUD, ET EST MIRABILE IN OCULIS NOSTRIS. Oui, c'est le Seigneur qui a fait cela, et c'est ce qui paraît à nos yeux digne d'admiration. (*Ps.* 117, *v.* 23.)

FIN.

TABLE DES MATIÈRES.

APPROBATION de Mgr l'Evêque de Grenoble........ page 3
INTRODUCTION... 5
  § I. Plan de cette seconde publication............... 5
  § II. Sages lenteurs de l'Autorité épiscopale à l'égard du Fait de la Salette............................. 10
  § III. Complément aux notions sur les miracles..... 20
NOUVEAUX DOCUMENTS SUR L'ÉVÉNEMENT DE LA SALETTE... 25
  ART. I. Objections faites contre notre *Rapport* de 1848.. 25
    Interrogatoire subi par les deux enfants devant le juge de paix de Corps......................... 54
    Renseignements sur cet interrogatoire donnés par M. Mélin... 62
  ART. II. Adhésions données au *Rapport*; traductions du *Rapport*.. 65
    § I. Comptes-rendus de notre *Rapport* par des journaux religieux.. 66
    La *Gazette de Lyon*.. 66
    L'*Ami de la Religion*. — Lettre de M. DUPANLOUP... 70
    § II. Adhésions à notre *Rapport*. — Lettre de S. S. PIE IX à l'auteur.. 94
    § III. Traductions de notre *Rapport*............... 100
  ART. III. Ouvrages publiés sur la Salette........... 102
  ART. IV. Continuation du pèlerinage de la Salette; — Processions.................................... 111
  ART. V. Correspondance immense au sujet de la Salette; eau demandée, etc............................ 116
  ART. VI. Dons faits ou promis pour un sanctuaire à construire... 118
  ART. VII. Merveilles dans l'ordre de la grâce; faits providentiels.. 120

Art. VIII. Nouveaux miracles proprement dits..... 123
  I. Diocèse de Sens. — Rapport présenté à Mgr l'Archevêque sur la guérison d'Antoin. Bollenat......... 127
    Jugement doctrinal de Mgr l'Archevêque de Sens. 164
  II. Diocèse de Verdun. — Guérison de l'abbé Martin, élève du grand séminaire.......................... 165
  III. Diocèse de Rennes. — Guérison de sœur Marie François de Sales, Visitandine.................. 175
  IV. Diocèse de marseille. — Guérison de deux religieuses Capucines............................. 183
  V. Diocèse de Lyon. — Guérison de Marguerite Guillot. 192
  VI. Diocèse de Fréjus. — Trois guérisons bien attestées 196
    1. Guérison d'Honorine Curel............... 196
    2. — de Joséphine Benet............... 207
    3. — d'Anaïs Aubert.................. 211
  VII. Diocèse d'Arras. — Quatre guérisons......... 217
    1. Guérison de Charles-Barthél. Delattaignant. 217
    2. — de Sylvie Fouble, de Saint-Omer... 221
    3. — d'Emilie Sgard, de Calais......... 226
    4. — de Chemery, jeune soldat......... 227
  VIII. Diocèse d'Amiens. — Guérison d'Adélina Devert, de Rosières.. 227
  IX. Diocèse de Soissons. — Guérison de sœur Victoire, des Chesneaux........................ 230
  X. Diocèse de Cambrai. — Deux guérisons: celle de Marie Happe, et celle de Marie Duchateau....... 234
  XI. Diocèse d'Orléans. — Guérison de mademoiselle Célestine Portheault............................ 240
  XII. Diocèse de Langres. — Guérisons d'Eugénie Bunklaire et de Marie-Hortense Jeanson.......... 242
  XIII. Diocèse de Troyes. — Guérison de Clotilde Perse.. 242
  XIV. Diocèse de Bourges. — Guérison d'une religieuse Ursuline.................................. 242
Retentissement du Fait en Allemagne.............. 247
Conclusion..................................... 249
Table des matières............................... 251

www.ingramcontent.com/pod-product-compliance
Lightning Source LLC
Chambersburg PA
CBHW070636170426
43200CB00010B/2039